博雅人文

郭庚铭

邓广铭学术文化随笔

邓小南 刘隐霞 编

北京大学出版社
PEKING UNIVERSITY PRESS

图书在版编目(CIP)数据

邓广铭学术文化随笔/邓小南,刘隐霞编.—北京:北京大学出版社,2021.10

(博雅人文)

ISBN 978-7-301-32603-9

Ⅰ.①邓… Ⅱ.①邓… ②刘… Ⅲ.①社会科学—文集 Ⅳ.①C53

中国版本图书馆CIP数据核字(2021)第202408号

书　　　名	邓广铭学术文化随笔 DENGGUANGMING XUESHU WENHUA SUIBI
著作责任者	邓小南　刘隐霞　编
责任编辑	刘书广
标准书号	ISBN 978-7-301-32603-9
出版发行	北京大学出版社
地　　　址	北京市海淀区成府路205号　100871
网　　　址	http://www.pup.cn　　新浪微博:@北京大学出版社
电子信箱	pkuwsz@126.com
电　　　话	邮购部 010-62752015　　发行部 010-62750672 编辑部 010-62755217
印　刷　者	涿州市星河印刷有限公司
经　销　者	新华书店
	890毫米×1240毫米　32开本　9.375印张　225千字 2021年10月第1版　2021年10月第1次印刷
定　　　价	58.00元

未经许可,不得以任何方式复制或抄袭本书之部分或全部内容。
版权所有,侵权必究
举报电话: 010-62752024　电子信箱: fd@pup.pku.edu.cn
图书如有印装质量问题,请与出版部联系,电话: 010-62756370

目 录

第一编　史论篇　/ 001

岳飞是永远值得我们纪念的人物
　　——纪念岳飞诞生890周年国际学术
　　研讨会上的发言　/ 003
《岳飞》序　/ 011
论岳飞　/ 018
岳飞的死因何在？　/ 032
岳飞的《满江红》不是伪作　/ 035
也谈关于岳飞和赵构的一段资料　/ 042
岳云是岳飞的养子吗？　/ 049
"拐子马"是怎么回事？　/ 051
范仲淹的青少年时期是在哪儿度过的　/ 054
为王安石的《明妃曲》辩诬　/ 057
《陈龙川传》自序　/ 065
《韩世忠年谱》序例　/ 073

《宋代文官选任制度诸层面》序言 / 077

学术研究中的实事求是 / 083

解放思想，实事求是，把史学研究推向新的高峰 / 091

第二编　品书篇 / 097

《辛稼轩年谱》及《稼轩词疏证》总辨正 / 099

评《中国文学珍本丛书》第一辑 / 125

评韩侍桁译《十九世纪文学之主潮》 / 134

论《四库全书存目丛书》不宜印行 / 145

再谈《四库全书存目丛书》 / 152

向文科研究生推荐一本必读书 / 158

我对束著《朱子大传》的评价 / 166

第三编　文化篇 / 169

无声的青年界 / 171

愿当识途老马 / 175

对待传统文化要有战略眼光 / 179

中国文化的继往与开来 / 189

国际宋史研讨会开幕词 / 196

研究传统文化要与社会主义建设相结合 / 199

谈古籍整理的使命感与责任心 ／201

关于传统文化与现代化问题之我见 ／209

第四编 忆往篇 ／211

在纪念陈寅恪教授国际学术讨论会闭幕式上的发言 ／213

在翦伯赞同志学术纪念会上的讲话 ／222

怀念我的恩师傅斯年先生 ／229

胡适在北京大学 ／257

我与北大图书馆的关系 ／268

我与《光明日报·史学》 ／274

我和北大 ／281

邓广铭年谱简编 ／285

邓广铭教授主要著述 ／288

邓广铭教授谈治学和历史研究（代跋）

  欧阳哲生 ／291

第一编 史论篇

岳飞是永远值得我们纪念的人物

——纪念岳飞诞生 890 周年国际学术研讨会上的发言

一、岳飞是一个造时势的英雄

我们常常说时势造英雄和英雄造时势这两句话。到目前，人们似乎只愿承认前一句话寓有真理性，而认为后一句话不免寓有英雄崇拜的含义，不免夸大了个人在历史上的作用。我以为，英雄造时势也同样是寓有真理性的一句话，尽管这样的局面不像时势造英雄那样地经常出现。

我们今天之所以要纪念岳飞，就是因为他是一位能够造时势的英雄人物。

我们首先自然还应当说，岳飞这个英雄人物，乃是 12 世纪前半叶宋金对立斗争的时势所造成的，和宗泽、李纲等人物之所以出现的因素相同。宗泽、李纲是岳飞的前辈，他们操持军政实权时的一些作为,也正是年轻的岳飞所想望履行的;而到宗泽、李纲在志愿未得实现之时就去世、去职之后,岳飞以其自身的战斗实践所要逐步完成的,也正是宗泽和李纲一直想要完成的那番事业,此之谓时势造英雄。

从英雄造时势方面来说,一个出身于农民家庭,且曾经在大户人家做过庄客的岳飞,在从军之后,从他仅仅是一个低级将校到跻身于张、韩、刘等大将之列,一直是以军纪严明、秋毫无犯著称的。这固然体现了岳飞的治军有法,而从更深层的意义上看,则更意味着他对这场民族灾难具有深刻的认识,意味着他对苦难中的同胞要加以拯救的心愿,他要使整个民族、连同此民族所建造的高度发展的文化,得免于遭受摧残踩躏的种种问题。这不能不说,在维护中华民族的传统文化方面,他以一介武夫而立下了冠绝一代的大功,实乃值得我们永远纪念的英雄业绩。

在12世纪前半叶,有没有一个岳飞挺生其间,是会产生不同的局势的。如所周知,在宋金长期相持的战场上,在绍兴十年(1140)双方鏖战最激烈的时际,岳家军是中原战场的主力。中原战场平原旷野、少山少水,最便于金国铁骑的驰骋奔进,是宋军不易守更不易攻的地方,然而岳家军正是在这一战场上,在绍兴十年建立了宋金战争史上极为辉煌的几次战功:在郾城周围再三大败兀朮的主力,前锋抵达郑州和洛阳,已经把开封纳入包围圈内;迫使金帅兀朮不得不做从开封撤退的种种准备。倘若不是秦桧、赵构的有意沮坏，即不令他路友军与之配合，且屡诏令其班师，则北宋故都的收复可说已在掌握之中。然而掌握大权的君、相一意要对金屈服，终使他10年来一直在经之营之的事业废于一旦。但尽管如此，岳飞的战功毕竟具有划时代的意义。虽然如所周知，绍兴十一年（1141）的宋金和议，对宋方来说是一次不平等条约：划淮为界，每岁输送银25万两、绢25万匹，是一次屈辱和约；但还必须考虑到，如果没有岳家军在绍兴十年所立的战功，在那次的所谓和议中，南宋方面也许要受到更为深重的屈辱，说不定还得划江为界呢。因为，金国的南侵，并没有制定一个终极的目标，它是打得赢就继续打，受一番挫折便减一分锐气，所以，岳家军在绍兴十年所取得的胜利，在下一年的媾和时是定然起了一些作用的。那么，我们说岳飞是创造那一历史阶段的时势的英雄岂不是有充分理由的吗！

二、不应把纪念岳飞做成一种造神运动

岳飞在40岁时即以莫须有的罪名而惨遭杀害。但在他生前，在他参军后的20来年的戎马生活当中，他已经以其战功，以其热爱祖国、热爱同胞和持己涉世的道德品质，以其涵蕴着极大代表性的要求报仇雪耻的壮怀激烈的言论风采，而超逸乎侪伦并深孚于众望。这就是说，岳飞生前在立德、立功、立言

方面所达到的境域已是足以使他的声名永垂不朽，全不劳后来人再做一些不必要的锦上添花的工作。而不幸他的闻孙岳珂却见不及此，偏要为岳飞以及岳飞的父亲编造一些并非实有的嘉言懿行。例如：

1. 在岳飞的《乞终制札子》中有几句说：

> 伏念臣孤贱之迹，幼失所怙，鞠育训导，皆自臣母。

从这里所用的"幼"字和"鞠育"二字，知岳飞之父逝世必在岳飞的童年。据岳珂所编《鄂王行实编年》所载，岳飞还有一个名叫岳翻的胞弟。合并二者来看，岳飞之丧父不得晚于他三四岁时。出自岳飞笔下的那几句话，当然是千真万确、最可信据的。但岳珂在其所编的《鄂王行实编年》中，却谬称飞父岳和卒于宋徽宗宣和四年（1122），其时岳飞已20岁。岳珂还在此年之前记述了岳和因岳飞朔望致礼于其射师周同墓地一事的一段对话，今摘录数语于下：

> 先臣和始甚义之，抚其背曰："使汝异日得为时用，其徇国死义之臣乎？"
>
> 先臣应之曰："惟大人许飞以遗体报国家，何事不敢为！"
>
> 先臣和乃叹曰："有子如此，吾无忧矣！"

试问：岳飞学射于周同，起码总应是弱冠之年的事吧，而为致礼于周同之墓而引起的岳飞与其父的这番对话，更绝对不会是出自一个乡村儿童之口的。然则岳珂的这段记载,岂不与岳飞自己所说的"幼失所怙"大相背戾了吗?岂不完全是岳珂的无稽之谈吗?

2. 宋孝宗淳熙十五年(1188),浙东学人王自中应鄂州守张孝曾之请而撰写了一篇《鄂州忠烈行祠记》,记中叙述岳飞晚年战功的一段文字为:

> 其后一出而平虢略,下商於,再出遂取许昌,以瞰陈留。夷人畏避北遁,中原百姓牛酒日至,谓旦夕天下可定。不幸谋未及展,事忽中变。

这篇文章的写成,早于徐梦莘的《三朝北盟会编》和李心传的《建炎以来系年要录》二书之写成各数十年,但所述岳飞军功则三者大致符同,即均以绍兴十年的颍昌之捷为其最高峰。岳飞最后不得已而奉诏从郾城班师,王自中文虽未及其事,而徐、李二氏之书则所载互同。岳珂所编《鄂王行实编年》较徐、李二氏之书更为晚出,却独独立异于上举三者,无凭无据地添加了在朱仙镇大败金军的一次战役,作为岳飞绍兴十年战功的最高峰,而且把奉诏班师的地点,也从郾城改作朱仙镇。这在岳珂虽是充分发挥其孝子慈孙的用心,有意要为其先祖锦上添花,其奈事出捏造,经不起考核与对证,破绽戳穿,马脚毕露,反而会是大大玷污了岳飞的生平和他的令德的。

此外,岳珂为体现其为尊者讳、为亲者讳的编写原则,在岳飞的生平事迹方面,也有意地隐抹掉一些事实,致使一些相互关联的事情无法得到正确解释。例如：

1. 岳飞少年时期，因为家境清贫，曾一度到邻县安阳的韩姓大户人家（韩琦的后裔）做过庄客（即佃户），这在《三朝北盟会编》所收的一篇《岳侯传》中有明确记载，《朱子语类》中所记的朱熹的一段谈话也可以为证；而在岳珂所写《鄂王行实编年》中却只字未及此事，反而有飞"少负气节，书传无所不读，尤好《左氏春秋》及《孙吴兵法》"等等与村童事迹全难相合的一些史传习惯用语。

2. 岳飞参军之前，曾在家乡娶一刘姓女子为妻，到建炎三年（1129）他随同杜充军队渡江移驻建康时，母、妻和岳云、岳雷（依其生年推算，岳云、岳雷当均刘氏所生）都未随同南下，却不料，岳飞南下不久，刘氏抛弃了婆母和儿子，改嫁别人了。所以，当岳飞多次派人到河北去迎接家属时，只有老母与二子被迎接了去，而岳飞随即又在江南与一李姓女子结了婚。此事在徐梦莘和李心传的书中都有记载，而在《鄂王行实编年》中却把它认作家门的丑闻而讳莫如深，只字未提，以致从《宋史》开始，就说岳云为岳飞的"养子"。

3. 在岳飞的那篇《乞终制札子》中，还有如下的几句话：

> 国家平燕云之初，臣方束发从事军旅，誓期尽瘁，不知有家。

这里所说的"国家平燕云之初"，即是指宋徽宗宣和四年（1122）以童贯、蔡攸统率大军想要攻取辽的燕京的事。宋军在这年的五月和十月两次北上，第一次刚抵达界河（今拒马河）南岸即为辽军打败；第二次虽则攻入燕京城内，却在巷战中又被辽军击败，将士伤亡甚众，也有缒城而逃亡的。

岳飞自述他在这次战役中"方束发从事军旅，誓期尽瘁，不知有家"，可知他必是参加了的。然而考之岳珂所撰《鄂王行实编年》，在宣和四年却只记述了"真定府路安抚使刘韐募敢战士备胡，先臣首应募。韐一见，大奇之，使为小队长"。其下是接叙平相州剧贼陶俊、贾进事，时而所谓"备胡"，与岳飞自述中所说"国家平燕云之初"等话语竟全不沾边，显然是不准确的。

我以为，岳珂之所以不记述岳飞攻打燕京的战役，固然可能是由于他昧于岳飞青少年时事迹之故，但更大的可能，则是因宋的攻燕大军一败涂地，岳飞必也是一个从燕京城下逃亡的人，而这却是一件极不光彩的事，所以就把它掩抹掉，而代之以由他虚构出来的平相州剧贼陶俊、贾进之事了。殊不知，"平相州剧贼"既与"平燕"之役、与"备胡"全无干涉，也实在谈不到"誓期尽瘁，不知有家"的矢忠矢勇。而且，掩抹了从征燕京之役，则黄元振所记岳飞自称曾到过"黄龙（分明是错把燕京作黄龙的）城下"一语便无法得到疏解，而使"今次杀番贼，直到黄龙府，与诸君痛饮"的豪言壮语，竟完全没有来由了。

归总来说，我们现在最正确的纪念岳飞的办法，是要把对岳飞的研究提高到学术研究的水平，提高到现代科学研究的水平。研究他的生平所应遵守的原则是：去粗取精，去伪存真，由此及彼，由表及里，实事求是地还岳飞一个本来面目。要这样做，首先就要严肃认真地把岳珂所编辑的《金佗稡编》和《金佗续编》，特别是对其中的《鄂王行实编年》，以思辨的头脑和精深的认识，通体检核一过，对其中虚构的和夸张失实的事件，尽可能加以删除或辨正；对于岳珂有意加以掩没和隐蔽的事件，尽可能根据旁证而加以填补，使他以其真实的英雄面貌而流芳百代，永垂不朽。

（原载《岳飞研究》第四辑，岳飞研究会编，中华书局，1996年8月）

《岳飞》序

当从事于这本传记的述写之际,我的打算是想借这本书使一个因其战绩而久已彪炳史册的人物,能够更逼真更活现地显现在每一个读者的眼前。

从一种较高的意义上说,并不是每一个能够关弓荷戈和统兵驭卒的人都配称为战士或英雄的,正如同并不是每一个不能关弓荷戈和统兵驭卒的人都不配称为战士或英雄一样。这论点倘是可以承认的,那么,我们的史书上有多少所谓武将者也便应该被淘汰于这战士群和英雄群之外。而岳飞——这一个出生于北部中国平原的农家,代表了一切的爱国农民,也代表了一个在苦难中的全民族而置身于战场上的人物,他却是:即使把战士和英雄的含义更提高一些,也依然当得起一个战士和英雄的称号的。

生长在北方的广漠的大平原中,在岳飞的禀赋当中便也有着极浓重的地域色彩:单纯、质直、坚定、强项。当一个掀天动地的祸变降临到他的时代和他的乡邦中时，一个要保卫乡邦、克平祸变、从祸变中拯救出他的千万苦难同胞的念头，冲动在他的生命的脉波当中，一念所至，勇往直前，因而当一般执政者和学士大夫们还在议论未定、彷徨无策的时候，岳飞先已为这意念所驱使，挺身走上战场，参加在对女真人的斗争当中。而从此以后，对于这明确的意念和选定了的道路，他始终不渝地把握着、固执着，为它而生，为它而死。

时势造就了英雄，英雄也时常大有造于时势。从前者去加以理解，我们将看到，每一次遇到国家民族的巨大祸变、危急存亡系于一发的时候，总有一些节烈义勇之士应时而出，支撑住那个倾危的局面，或则以其忠节而维护了天地的正气，为后代培育下一些复兴的根苗。因而在北宋之末和南渡之初，便必然会产生出宗泽、张所、李纲、韩世忠和岳飞等人。他们的生年稍有先后，所担任的角色和所表现的气节与事功也互有异同，然使异时异地而处，却一定会是遵循着同一种轨辙行进的。我们可以说，当岳飞还在少年，还没有机会，也没有资格去承当一个重要使任的时候，由宗泽、张所、李纲等人所担当所完成了的，不啻正是在岳飞的心愿中所企求所想望的一切；到了岳飞壮年之后，那些人或死或窜，都已经和那个时局不甚相干了，而由岳飞所经营所作为的，也不啻正是继续着他们所未曾完成的工作。唯其如此，对于岳飞所处的那个时代的色彩，足以作为那个时代的代表人物们的诸般作为，以及那些人物和那时代所交织成的错综关系，我都加以注意，取来渲染成那个时代背景的全部轮廓；而对于岳飞在其中所居的地位的大小轻重，我只是适如其分地安排着，没有加以涂饰和夸张。从后者去加以理解，我们又必须体认岳飞的生存价值，在那个艰险的历史剧变当中，认取岳飞的个人因素的重要性。我们又可以说，在南北宋之交，虽则先后已经有了宗泽、张所、李纲、韩世忠等人，如果没有岳飞挺生其间，南宋立国的局势及其与女真人的关系，必定是另成一种式样的。就这一观点说来，我们不能不特别致详于岳飞的情操和品性，他的特异的作风和特异的贡献。

自从岳飞做偏裨将领时起，一直到他建立节钺、厕身于三大将之列，他所部领的军队，始终是以纪律严明、作战力强大著称于世。因此，凡岳家军所到之地，军民合作，精诚无间。这件事，固然意味着岳飞的治军有法；而更重要的，却是意味着岳飞对于那次亘古少有的民族灾难的历史意义有着如何深刻的认识，意味着他对于野蛮的侵略者怀着如何深切的仇恨，更意味着他对于自己的同胞怀着如何深切的热爱。他只是想，如何才能够和全体同胞弟兄们同心协力去从头整顿旧山河，免得这整个民族，连同这民族所建造的高度文明，受着野蛮的异族的奴役、宰割以至毁灭。他只在足以使全民族感觉胜利的场合，才肯去争取个人的胜利，却绝不肯丝毫违反了同胞大众的利益而去赚取自身的成功。这便使他永远处在临深履薄、戒慎恐惧的情况之中，自身不敢稍有松弛，更不敢使他的军队稍有松弛；

自身不敢骄纵腐化,自然更不敢使他的军队骄纵腐化。凭靠了这一点,岳飞的事功便具有了更崇高的意义,使他从同时诸大将中区别出来,接受着当代以及后代人群的最高的评价和最高的崇敬。

向着这一个胸怀中充满了复仇的火焰的人,这一支有着钢铁一般的风纪的军队,人民大众付之以全部的信心,觉得凭靠着他们便一定可以获致胜利。和民众成为一体的岳飞,既以其胜利的信念灌注着全体人民,也由全体人民的爱戴而更加强了他自身的胜利的信念,对于他的复仇雪耻、恢复中原的主张,他更加坚定地执持着,也更加踏实地践履着。

不幸的是,当他刚踏进胜利的门槛,使得金国的兀术和全部女真人战栗了的时候,也竟使得宋高宗和秦桧战栗了。高宗和秦桧是当国的人物,他们有权力阻碍他的进程,使他十年的长期经营不崇朝而悉数废坏。他惋惜,他愤激,在显明的康庄大道上竟也会触着暗礁,落入陷阱!一个公忠正直的北方军人,学不会一些看风转舵的乖巧本领,到这里,他只有以身殉道!

在我们的著述界,到今天,还保留着不少的秀才积习,对于历史上的许多人物,专好颠倒原有的评价,做一些翻案的文章。即如秦桧残害岳飞的事,近年来也竟有替秦桧申辩的人,以为秦桧是为了要集权于中央,并且为了深知国力之弱不足以抗衡女真,急需完成和议,所以不得不将飞扬跋扈、残民害政的军阀力加摧抑。说这话的人，对于当时的史实并不甚了了，只是凭空地设为此论。岳飞的行径是否飞扬跋扈、残民害政，就我这本书中到处都可以找到最真实确切的答案，在此不再申述；对于秦桧，我们可以从下列两点估定其身价：

第一，当时女真人逼在近边，伺隙而动，即使南宋君臣自审没有复仇雪耻、恢复中原的力量，但至少在自身方面也还得保存一些实力，以备万一敌方来侵时从事于捍卫抵抗的工作；而在秦桧当政期间，却只见其解除大将兵柄，分解各大将的部属，以致杀戮最有功勋的大将，而不见其在此以后更有何等培植武将、建造新军的举措。把国家整个儿变成了一个不设防的地区，豁露在敌人的威胁之下，只靠厚颜屈膝、听任敌人的需索侮弄，以幸其不以兵戎来临；倘使不幸而敌人背信渝盟，便只有坐以待毙。这只是代替敌人做驱除扫荡的工作，哪里是集权于中央呢？

第二，在两国俱已厌兵、和平局面幸而求得之后，当时还正是南渡未久、庶事草创之际，便当如朱子所说："既有个天下，兵须用练，弊须用革，事须用整顿"，应当在和平中"自治有策"，才能在那个东南半壁建立一个像模像样的国家。然而秦桧对此，却"荡然不为一毫计"，只见其倾轧排挤，把异己之人斥逐遍于边远，察事逻卒，布满京师，小涉讥议，即中以深文，捕系治罪，一般热中利禄的人遂皆希意阿附，争以陷害善类为功，国家元气为之斲丧殆尽，而有待兴建扶植的事项，成千累万，却不见有一政一事之见诸施行。然则在秦桧的胸怀当中，是否还有半点公忠体国之意，不已断然可晓了吗？

明白了秦桧的为人，知其在当政期内的举措，无一事不是出于阴谋和私心，则其残害岳飞的事件为曲为直，也便片言可决了。

由于秦桧的忮刻猜忌，当岳飞身被横祸之后，其时的学士大夫之群，或则为了阿附求容，或则为了远避祸端，各人平素与岳飞往还的文札或关涉岳飞的一些记事，大都自动地加以焚毁或删除，不再收罗刊刻于文集之内。甚至代皇帝立言的制命诏诰之类，岳飞一生不知曾接受了多少道，而在南宋初年诸家文集当中也一概不见收录。因此当我述写这本传记时，便感受到极大的困难。岳珂的记载，因其志在做孝子慈孙，多有溢美之处；官史的记载，因其直接间接出于秦桧的党羽之手，又多有溢恶之处。在这两个系列的记载之外，现时几乎很难再找到当时人的记事以相印证或补充。而在这两个系列的记载中，对于岳飞的日常生活均极少涉及。虽则战场被岳飞当作了他的家乡，战斗生涯占去了岳飞全部生命中最主要最精彩的部分，然而我们对于战地以外的岳飞的生活情况和做人的态度等等，终还愿意更多知道一些。所幸在岳珂所编的《金佗续编》中，立有《百氏昭忠录》一目，收录了南宋一代的文士们记载岳飞事迹的文字十数篇，除其中章颖的《经进鄂王传》及刘光祖的《襄阳石刻事迹》两篇俱是摘录岳珂所撰《鄂王行实编年》而成外，其余各篇，如：黄元振的《杂记》，无名氏的《鄂武穆王岳公真赞》，王自中的《郢州忠烈行祠记》，赵鼎、陈公辅、杜莘老等人的奏札，均可借以窥见岳飞的性行及其风度的一般。岳珂虽然把这些文章收入《金佗续编》之中，而当其撰述《行实编年》时，却极少从中取材；我今对此数篇则详观熟读，考定其作年，辨明其真伪，凡其可以相信的，所涉虽仅一言一动之微，也都加以甄采，期借助于这般一鳞一爪的材料，不但构成岳飞的全部面影和躯体，而且更好是：能把他雕塑成一个有血有肉有风骨的人，使他能够活泼亲切地矗立在每个读者的面前，如我在本文开头处所说。我知道，我并没有能真正做到这样理想的程度，其原因：一部分仍得归咎于资料的短少，也就是，我们必须继续诅咒谴责那个泯灭这些史料的大奸大恶的秦桧；另一部分呢，自然须由作者负责，作者在诚恳地期待着大家的指正。

1945年4月10日自记于北碚夏坝

论 岳 飞

一、从政治的意义上看宋金战争和岳飞的抗战

女真民族的力量，在 12 世纪初年有飞跃的发展，用了不满 10 年的工夫，推翻了契丹的统治，占有了辽国的全部境土。从 1125 年开始，又发动了对宋的攻势，于不满两年的时间之内，灭掉北宋。

女真贵族的野蛮残暴，激起了中原人民一致的反女真的浪潮，宋高宗赵构在这种情况下虽得以重建政权，但在最初的几年之内却一直是奔波流离，不能把这个政府安顿在一个固定的地方。后来虽然定都于杭州，却依然处在女真军队的威胁之下，而呈现出动荡不定的局势。

在这种情势之下，南宋的抵抗金人的战争，显然是一种自卫性质的战争，是一种正义性的战争。而女真人的侵略，加以其军队的野蛮残暴，又显然是一种非正义的战争。

尽管宋金两方的"顺逆之势"这样明显，而南宋的统治阶级对于如何对付侵略者的问题，却并无一定的决策和方案，赵构本人更患有严重的"恐金病"，常苦于要投降女真而不可得。其中能够很明确地认识抗战的意义，能够始终坚持着抗战政策的人，为数并不太多，而岳飞则是这少数人中最杰出的一人。

有了坚强的军事抵抗，便可以阻遏住女真的继续南进，使杭州的小朝廷得以由稳定而巩固起来。单就这点来说，岳飞在抗金战争中的一切努力，是直接服务于南宋的统治阶级的。因而，不论是经由抗战所保全或经由抗战所克复的那些地区，其劳动人民仍然是被安置在赵宋政权的统治和剥削之下的。

虽是如此，我们却不可以把岳飞的抗金理解为单纯为南宋统治阶级服务的事件。因为，当时居处在北部中国的广大人民，是必须在下列两种情况之中，自动或被动地选取其一的：或者归属于赵宋王朝的统治之下，或者被野蛮残暴的女真贵族所统治。既然赵宋政权已作为中华民族的国家标志而有了百年以上的历史，则其时的中华人民，必然都是乐于停留在或转移到这个政权之下的。而何况，与野蛮而且落后的金国的统治相较，赵宋政权终还是高出一等呢。

紧接在金人攻占了黄河以北的地区之后，金国政府便强制签发汉人壮丁当兵，强制汉人辫发，又把客户一齐登记，刺字于耳，立价标卖，或骗至蒙古高丽去卖，或去交换回鹘诸国的马匹。为反抗这类暴行，大量的华北人民自相团结，从事斗争，相约投归南宋区域内的为数也极繁夥。这些事例,可以使我们明确地体认到,其时的人民大众,在宋金两个政权之间,究竟是要如何加以抉择的。因而,岳飞之一心一意地致力于抵抗金人的工作,是不但体现了赵宋政府统治阶级的要求和利益,更重要的是和那时代一般人民大众的要求和利益也全相符合的。

二、从经济的意义上看宋金战争和岳飞的抗战

在赵宋王朝统治时期,封建制度的社会经济的发展,虽在某些角度上已经暴露出其生产关系不能与生产力的性质及状况尽相适合的情形,但就大体说来,却还是封建制度继续作着螺旋式的发展的时代。而崛兴于12世纪初年的女真民族,其生产方式却很落后。其贵族和全部统治阶级中人,全是大奴隶主;主要的生产劳动全由奴隶们负担,在女真人侵占了华北地区之后,首先是强夺这一大生产区的肥沃农田,使"前日之主,今则为客",接着便又把这些客户"并籍入官",大量的华北农民便这样地沦落为女真的奴隶,奴隶对于工作本无兴趣,而这般从自由人降为奴隶的,对于女真人更有着极深的仇恨和反抗情绪,自然更不愿为他们去劳作。于是华北的广大农田被女真人霸占之后,逐渐由瘠薄而荒芜,到13世纪初年,华北地区的实际情况是,即在风调雨顺之年,也竟是"田之荒者动至百余里,草莽弥望,狐兔出没",生产力的破坏已达于极点了。

蒙古军队于1215年，占领了北京和华北平原，随即有人向成吉思汗建议，要把华北平原辟为一大牧场。这一问题之提出，固然还有其他的原因，而金人的长期摧残破坏，已使这一地区凋敝不堪，赤地千里，提供了可以辟为牧场的前提条件，必也是这问题所以提出的重要原因之一。

试想，如果容忍这样野蛮落后的女真人继续向南扩展其势力范围，岂不是连淮南江南等地也将一律由残破而荒芜，而至于会使蒙古人一见即联想到可以辟为牧场的地步吗？

其次再看淮南地区的情况。因为淮南虽是南宋的境土，却时常为女真侵略者的铁蹄所光顾，不断地遭受着战祸。

在北宋一代，淮南是以"土壤膏沃""廛里饶富"著称的，自宋廷南迁，其地成了宋金鏖战的冲要区域，原来的居民四向逃散，淮南乃几乎成为断绝人烟的真空地带。尽管南宋政府把招诱流民归业作为淮南地方行政的重点工作，而事实却是，不但在赵构一代没有收到实效，即到宋孝宗赵昚的时代，单是淮南东路各州县的荒芜农田，据1170年政府调查所得，为数已在46万亩以上。淮南西路的荒田数字虽无可考，要可依此推见。

甚至于江西湖南两路，因曾一度为女真铁骑所践踏，几度为江淮之间的战祸所波及，在1131年之前已经造成了"无问郡县与村落，极目灰烬，所至残破，十室九空"的景象。

为了保障中华民族的广大人群，使其不为野蛮残暴的女真人所奴役宰割；为了保障比女真民族进步得多的生产力，不使其受到破坏或更向后逆转，一贯的抗战政策和坚强有力地把抗战政策付诸实践，是绝对必要的，而岳飞就在这时始终不变地坚执着抗战的主张，且始终以艰苦卓绝的精神履行着这项主张。这事实，一方面意味着岳飞对于野蛮的侵略者怀着如何深切的仇恨，另一方面也意味着他对于自己的同胞和祖国怀着如何深切的热爱。就其动机与效果而论，也全都是符合了当时勤劳人民大众的要求和利益的。

三、岳飞是中国历史上极杰出的军事家

自从1133年起，南宋政府把襄汉一带的防务交付给岳飞负责，而长江下游和淮南东西诸军区，则由刘光世、韩世忠和张俊分别负责。其中只有岳家军曾对于伪齐和女真采取过主动的攻势，其余诸人却只是当敌人打到防区之内时才被动地做一些军事上的周旋，而有时还必须岳飞出兵加以协助，才可以招架得住。

岳飞对敌伪采取主动攻势，前后共有三次：头一次在1134年，他从伪齐和女真的联军手中夺回了襄阳、郢、随、唐、邓、信阳6个州郡；第二次在1136年，攻克了伪齐新设的镇戎军，大军抵达蔡州城下；第三次在1140年，是岳家军的成绩特别辉煌的一次：大军进驻颍昌（今许昌），先锋部队北上而克复了郑州，西上而克复了洛阳。

岳家军的战斗力之所以强大，固然是岳飞平素操练教育的结果，而其更重要的原因，则是因为具备了下述的两个条件，这两个条件都具体说明了岳飞是如何的要把他的队伍与人民大众紧密结合起来，因而也具体说明了岳飞确实是一个独具特识的杰出军事家。

第一，岳家军的纪律之好，不但为南宋诸军之冠，在中国历史上也少有其比。南宋诸将行军所至，一般说来，都不免于勒索财帛，驱虏丁壮，取人妻女，居人庐舍，而岳飞的军队独不如此。他们平时全居住在营房当中，街巷中很少能看见出外游逛的士兵。如在行军途中，"夜宿民户外，民开门纳之，莫敢先入。晨起去，草苇无乱者"。他们始终坚持着"冻杀不拆屋，饿杀不打房"的原则。

在赵构奖励岳飞的许多诏令当中，几乎每一次都称赞他的治军有法和纪律严明等优点，说一些例如"师行而耕者不变""涉千里之途而樵苏无犯"等类的话，对别的将帅不用这样的词令，而独对岳飞用之，这便可以确证，岳家军的纪律必非当时任何军队之所能及，而因此之故，岳家军也便到处受着广大人民的欢迎与爱戴。

荆湖北路的人民，在岳飞被害之后，不顾秦桧的凶焰多么高涨，也不怕会因此而引惹出什么麻烦，十分之九以上的人家，全都画了岳飞的像，在家中加以供奉。此外他们更把岳飞的一些事迹，编造为一些传奇式或神话式的各种故事，彼此传述着、广播着。其所以对岳飞这样热爱,固然是由岳飞抗拒金人的战功使然,而更重要的原因,却是由于岳家军曾长期在这里驻扎过,岳家军确曾造福于他们每一人家之故。而岳飞的纯朴笃实的人格,也必有极大的感召之力。

岳家军能获得人民大众这样的热爱,人民大众自然乐意与岳家军合作,尽量给予一些精神的或物质的支援,岳家军的战斗力量自然会因此而大大提高了。

第二,岳飞认识人民武装的力量,而且很重视它。岳飞在南渡之前,曾参加过太行山区的游击战争。及岳飞参加了正规军队,随同宋廷渐向南方转移,其时河北以至山西各地的人民,不愿屈服于女真的统治宰割之下,便自动团结为忠义巡社,靠山的结为山寨,靠水的结为水寨,分别对女真兵马作着激烈的斗争。当李纲执政之日,当宗泽留守开封之日,都曾计划对这些忠义民兵加以领导、组织和支援,使其发挥更大的作用和力量,而在李纲去职宗泽逝世之后,南宋的统治阶层中人却全不考虑此事了。只有岳飞,他确知人民武装力量之伟大,在其身任大将之后,便把结连河朔的忠义民兵作为他的抗金战略的重要环节之一,并经常派人去做联系工作。当他每次带兵北伐之前,更大量遣发人员潜入敌境,策动民兵遥相配合。而河北被金人打败了的忠义民兵,南下之后也全都以岳家军为归趋之地,供给岳家军一些最确实的情报,使其对于敌方的情况了如指掌。

在1140年岳飞的大军进驻颍昌,先锋部队克复了郑州、洛阳等地的同时，黄河以北、太行山以东以西各地的忠义民兵也都大肆活动，有的在大名、磁、相（今安阳）等地专力于截断金人补给线的工作，有的则专力于攻打城邑，例如在太行山以东曾攻入南城和赵州，而在以西则曾攻入绛州垣曲县城。前此没有组织起来的民众，也都于暗中积聚一些兵仗和粮食，往返奔命，也要自行组织起来，以配合岳飞大军的过河。

从南宋立国以来，直到南宋亡国之日，在其对抗外族的战斗史上，要以这次战役的发展为其登峰造极的纪录了。

四、岳飞从郾城班师回朝的问题

据一般史传所载，大都是说，在1140年秋岳飞率兵北上建立了辉煌的战功之后，以投降金人为职志的秦桧大不高兴，一则是忌恨岳飞功高，二则是怕因此而得罪金人，致令欲投降而不可能，遂于一日之内连续发出十二道金字牌子，督促岳飞班师赴阙奏事。

就通性真实而论，这样的记载是毫无问题的。岳飞的战绩越高，其遭秦桧之忌必越深，秦桧之谋加罪于岳飞必愈急，这都是不容置疑的。但就个性真实而论，则此记载当中所说十二道金牌一事却是大有问题的。

最先写成这样的记事的，是南宋中叶一个名叫晁公愬的人，他写了一篇《岳侯传》，说岳飞的大军已进屯许昌、陈、蔡以及洛阳一带,"忽一日诏书十二道令班师赴阙奏事"。及至岳珂编撰岳飞的《鄂王行实编年》的时候,取晁氏此文为参考,而就其家中所藏赵构颁降给岳飞的全部诏令当中,却找不出这勒令班师回朝的十二道诏书来,遂改作"一日而奉金书字牌者十有二",后来宋史中的岳飞传便全是根据岳珂的《鄂王行实编年》摘抄而成的。

岳珂知道"十二道诏书"之全属子虚乌有,而不知改作"十二道金牌"也还是不能言之成理的。杭州到郾城,千里迢迢,在第一道金字牌发出之后,非有十几日的时间不能知道岳飞之肯否俯首听命,且在那时秦桧还不曾以"违抗君命""图谋不轨"等罪名诬陷岳飞,因而也还不至先即假定岳飞之必不肯遵命回朝,然则何以在同一日中就发疯似的连续派遣十二番使人,赍送十二道金字牌子呢?于情于理既全难说通,很显然,这项记载是不可凭信的。

赵构于1140年寄致岳飞的诏令,岳珂全部编入《金佗粹编》当中,其年七八月中的最后三诏,岳珂取名为"班师二诏"和"入觐一诏",与岳飞的班师回朝问题密切相关,我们且看这三道诏书说些什么:

(班师二诏之一)得卿十八日奏,言措置班师,机会诚为可惜。卿忠义许国,言词激切,朕心不忘。卿且少驻近便得地利处,报杨沂中、刘锜同共相度,如有机会可乘,约期并进;如且休止以观敌衅,亦须声援相及。杨沂中已于今月二十五日起发，卿可照知。遣此亲札，谅宜体悉。

付岳飞。

（班师二诏之二）比闻卿已趣装入觐，甚慰朕虚伫欲见之意。但以卿昨在京西与虏接战，遂遣诸军掎角并进。今韩世忠在淮阳城下，杨沂中已往徐州，卿当且留京西，伺贼意向，为牵制之势，俟诸处同为进止，大计无虑，然后相见未晚也。遣此亲札，谅深体悉。　付岳飞。

（入觐一诏）昨以韩世忠出军淮阳，委卿留京西，为牵制之势。今闻卿已至庐州，世忠却已归楚。卿当疾驰入觐，以副朕伫见之切。军事足得面议。遣此亲札，谅深体悉。　付岳飞。

我们把岳飞这次北上之后所接受到的赵构的许多道诏令，与这三道诏令结合起来加以体察，可以知道当时的具体情况是：岳飞于该年闰六月以来，带领大军向北挺进，不但克复了黄河南岸的一些重要城市，而且黄河以北的忠义民兵也大量发动起来，攻城劫寨，遥为声援。金兀术把大军集中在开封，决定全局的一次战役，势必在开封城下爆发。而为了争取这决定全局的最后胜利，补给物的运送必须充分；淮北的军事进展和防务的布置，必须能够配合；对于黄河以北的忠义民兵，必须由政府给以大量的物质支援。三者缺一，胜利便难有望。这在岳飞必已随时向南宋政府提出，而由于赵构秦桧只想向金人屈膝投降，唯恐触怒金人太甚，他们并不希望有这样的胜利。因而在赵构的好些诏令中总都附有"切须占稳自固""勿贪小利,堕其诡计""择利进退,全军为上"等类的话;总不愿岳飞再获致大的胜利。对于配合问题,虽也屡次说已遣韩世忠、杨沂中、刘锜如何如何,而始终却是"只闻楼梯响,不见人下来"。前线的补给和忠义民兵的支援,更是不在他们的考虑中了。这便激使岳飞在七月十八日的奏章中说出一些极端愤激的话,大致是说:若不以全力争取最后胜利,便只有措置班师了;而就目前已得战果而言,措置班师实可痛惜。这便换来了赵构的"班师第一诏",对岳飞加以宽解,并令其"且少驻近便得地利处",对于准备进取决战的事却仍是避而不谈。岳飞到此时只有亲回杭州,向赵构当面去陈说利害,使其能为大局着想而肯尽力于岳飞所要求于他的诸事,因而便有了"入觐诏"中所说"闻卿已至庐州","当急驰入觐"一事。

却不料,在岳飞请求到杭州去看赵构的同时,秦桧和赵构已经设计好了一项使岳飞不得不班师的诡计:他们借口说要把淮北河南的广大地区一律交由岳飞负责,以一事权,遂即在这一借口之下,把所有原已布置在这一地区中的别项军队全部撤走了。例如,原来驻扎在亳州的张俊的部队和原来驻扎在顺昌(今阜阳)的刘锜的部队都已先后被调南下了,韩世忠回到楚州(今淮安)去了,杨沂中也离开这一防区了。秦桧赵构的这一诡计次第实现之后,岳家军完全陷入孤立无援的情况之中,若不愿坐待敌人的歼灭,便只有自动作有计划的转移。于是,在岳飞本人南下未久，岳家军也从洛阳、郑州、许昌、陈、蔡等地撤退了。

这次的班师，确实是"恰中机宜"，既没有落入秦桧赵构的圈套之中，也没有被敌人乘隙而加以邀击，保全实力，以待再举。在这里，正表现了岳飞的无比的机智。

据此种种，可知岳飞之由郾城南返杭州，乃是先由岳飞自动提出的。其用意，是要面向赵构陈说抗战前途的近景远景，希望赵构能给以种种支援，使最后胜利可以获得，女真兵马可以被驱回黄河以北。在岳飞作此提议之时，是只想自身南下，绝不是想连大军一并撤回的。却不料赵构秦桧正在此时布置好一项圈套，使其若不退师便将覆师，将二者加以权衡，岳飞只有忍痛班师了。

最后，关于岳飞由郾城班师事件，还存在着两种错误的说法，应在此一并予以驳正。

其一，是出于南宋官方的各种记载的。大致是说：在岳飞既得京西诸郡之后，接奉诏书不许深入，岳飞的部属均请回师，岳飞也以为不可留，遂传令后退。令下之后，军士应时皆南向，旗靡辙乱，岳飞看到这情况，"口呿而不能合，良久曰：'岂非天乎！'"很显然，这是秦桧的党羽捏造出来以诬蔑岳飞的。在这类的官方记载中，还记有岳飞于班师途中派兵救援淮宁一事，假如先已溃不成军，如何还能从事于此呢？

其二，是出于岳飞的孙子岳珂所编《鄂王行实编年》。大致是说：岳飞一日奉十二金字牌，令班师，飞愤惋泣下，东向再拜曰："十年之力废于一旦！非臣不称职，权臣秦桧实误陛下也。"飞班师，民遮马恸哭诉曰："我等顶香盆、运粮草，以迎官军，虏人悉知之，相公去，我等无噍类矣。"飞亦悲泣，取诏示之曰："吾不得擅留。"哭声震野。飞留五日以待中原父老子弟迁徙，从而南下者如市，亟奏以汉上六郡闲田处之。这段记载，绘声绘影，不失为一段好文章。但所记各事却全是无中生有，是岳珂臆造出来以夸张岳飞的功劳的。检取当时的各项史实与此段记载相对照，全有其抵触不合之处，与前面所引用的"班师二诏"和"入觐一诏"更相矛盾，这三道诏令既断非后来所伪造，则对岳珂的这段记载，我们当然不能信从了。

在此我要摘录艾思奇先生《岳飞是不是一个爱国者？》（《中国青年》第六十四期）一文中的一些话，作为本文的结论。因为这些话语正是从以上的叙事当中可以综括归纳出来的。

五、短　结

岳飞坚决抗拒金人的侵略，他所领导的军队和当时各地人民群众抗金的自发斗争互相呼应、互相联系，而形成全国抗敌势力的中心支柱。岳家军的辉煌战绩，给了敌人致命的打击。南宋终于能够没有完全灭亡，一部份土地上的人民得以不受敌人的继续蹂躏，这应该说是与岳飞的努力分不开的。……岳飞在中国的民族发展史上所起的推进作用，他在中华民族的优良传统中所占有的地位，就是应该加以充分肯定的。

……

由于他是封建统治阶级中的一分子，他的行动受着自己的阶级的历史的限制，因此就必然要发生各种缺点和错误。……岳飞在抗金以前曾为宋室统治者歼灭了杨么的势力，这是他的错误。……但是，这是岳飞的早期事业中的错误，而在岳飞后来的年月里，他是把自己的生命献给了反抗侵略的事业，对民族对人民立下了颇大的功劳。这是岳飞一生事业中的主要方面。……他是最后作为民族英雄而死的，不是作为人民的压迫者而死的。

（原载《进步日报》1951年6月22日）

岳飞的死因何在？

岳飞的死因何在？杀害岳飞的主谋凶犯是谁？

《沈阳晚报》学术研究版的编辑同志寄了几份晚报给我，使我知道，有些同志对岳飞究竟为谁所害的问题还有些不同的意见，希望我再谈一谈自己的看法。我现在就略述所见如下。

说岳飞之所以被害，是因为他经常叫喊迎还徽、钦二帝的口号而深为赵构所忌恨之故，像某些人所引用的文徵明在《满江红》词中所说的，"念徽钦既返，此身何属？"认为这就是岳飞被害的主要原因。这是不符合历史实际的。"迎二圣，还京阙"的口号，在南宋政权建立之初，确是每一个主张武力抗金的人所经常叫喊的，岳飞的确是其中的一人；但是，到1135年以后，宋徽宗已经死在金的五国城，女真贵族又常常声言，要把宋钦宗或其子赵谌送回开封，把他册立为宋的皇帝，借向伪齐刘豫和南宋赵构进行一箭双雕式的恫吓。在这种情况下，岳飞便也从1136年起，不论在任何场合，都不再提及迎还钦宗的事了。例如，他在1137年春写给赵构的一道奏章中就只说道："异时迎还太上皇帝、宁德皇后梓宫，奉邀天眷以归故国，使宗庙再安，万姓同欢，陛下高枕万年，无北顾之忧，臣之志愿毕矣。"在同年秋季，他又奏请赵构把收养在宫中的一个宗室子赵伯琮立为皇子，以沮敌人册立之谋。在岳飞此后所有的奏章当中，都是只能看到"复仇报国""收地两河"以及"此正陛下中兴之机，乃金贼必亡之日"等类词句，却绝不再见所谓"渊圣"（当时以此称宋钦宗）云云的字样了。很明显，正当敌人一再声言要送还钦宗父子之时，如自身仍旧强调迎还钦宗的主张，那就无异于做敌人的应声虫，在行动上与敌人互相配合了，当然是岳飞所万万不肯为的。因此，我说，说岳飞因主张迎还钦宗而遭赵构之忌恨、终致遭赵构毒手之说，是完全荒诞无稽、违背历史事实的。

秦桧在北宋亡国时被金人俘虏北去之后，就完全背弃了自己的民族立场，变成了一个彻头彻尾的汉奸。后被金人"阴纵以归"，便以女真贵族代理人的身份打进了南宋政府。到1137年第二次进入政府之后，更加明目张胆地挟敌人的威势而对赵构肆意进行要挟；赵构为求尽快地达到他的对金投降的目的，在对金的问题上也心甘情愿地听从秦桧的任意摆布，以至当时的拆字先生李石，也竟敢公开地对"春"字加以分解，说"秦头太重，压日无光"一类的话语。秦桧对所有主张以武力抗金的人都视同仇敌，对一直坚持收复国土、报仇雪耻并坚决反对屈膝投降的岳飞，更恨入骨髓，以必杀为快。赵构既然要依靠秦桧完成对金投降之举，当秦桧要残杀反对投降的主要人物时，他自然也不会不表示同意了。

总之，岳飞之死，乃是南宋政府中抗战派与投降派的尖锐斗争的又一回合的悲剧结局。在残杀岳飞的罪行当中，秦桧和赵构是其罪惟均的，不应对任何一人稍加开脱。但如一定要在二人中分别主从，则必须把秦桧判作主谋的杀人凶犯。

（原载《沈阳晚报》1963年3月29日）

岳飞的《满江红》不是伪作

岳飞的《满江红》是不是伪作？我前后考虑了多年。余嘉锡先生在《四库提要辨证》中提出了这一疑问。我当时只觉得这问题提得很有道理，我虽然不完全同意，却又做不出解答。

岳飞的儿子岳霖和孙子岳珂收集岳飞的文章不遗余力，由岳珂辑成他祖父的集子，即《金佗稡编》的《家集》。可是，尽两代人之力，并没有搜集到这首词。这是第一个疑问。第二个疑问是：宋元人的著述中也没有关于这首词的记载。所以余先生认为这首词是明人所伪托。但是我写《岳飞传》的时候，还是把它认作岳飞所作。因为余先生光是提出这个疑问，并无法证明，也没有说出、找出这首词的作伪者。

1960年代初期，夏承焘先生写了一篇文章。他受了余嘉锡先生的启发，并把上述的理由又加以发挥，最后断定这首词是明朝王越所作。在《月轮山词论集》中收了这篇文章。（去年，《羊城晚报》刊登了王起教授的文章，他说他当初就不同意夏老的意见。）夏老 1961 年来北京时向我谈到他的这篇文章，我说，现在不适于发表。我当时着重考虑的，还不是此词是否王越所作的问题，而是认为，岳飞和《满江红》在今天已经不可分了，提到岳飞必然想到《满江红》。他作为一个武将，当时的四大名将之一，代表作就是《满江红》。贸贸然加以否定，有些煞风景。可是，夏老认为现在北方少数民族的人对岳飞这首词很反感，如果断定不是岳飞作的，可以解决这一问题。后来，他又跟何其芳同志谈及此文，何的意见与我相同。但当时我们讨论的重点全不在是否王越所作这一问题上。

　　去年秋，海内外又掀起了讨论这一问题的热潮，香港、台湾地区都发表了文章。许多同志要我发表意见，这使我重新反复做了考虑。考虑的结果，对于余嘉锡先生提出的疑问，我觉得是可以解决的。对于夏老提出的作者是明朝的王越或其幕府文士的意见，我是不能同意的。我的最后结论是：岳飞《满江红》词不是伪作，是出自岳飞之手。

　　先来回答余嘉锡先生提出的疑点。是不是能够根据岳霖、岳珂两代人没有搜集到这首词，就断定这首词是假的呢？且看这样一个明显的事实。南宋人赵与时编写的《宾退录》中记载了岳飞一首诗，这首诗岳霖、岳珂都未收录（余嘉锡先生在《四库提要辨证》里曾提到过这首诗），这首诗现在大家都知道了："雄气堂堂贯斗牛，誓将直节报君仇。斩除顽恶还车驾，不问登坛万户侯。"（最后一句和毛主席《沁园春·长沙》词中的

"粪土当年万户侯"相似，不知后者是否从这句诗脱胎而来。）这首诗是岳飞在镇压江西一小股农民起义军的路上写的，刻在一个寺庙里。岳霖、岳珂就没有搜集到。假定说赵与时的《宾退录》失传了，诗是被明朝人抄录、流传下来的，我们是不是也就可以对这首诗产生疑问呢？我想是不行的。既然有岳霖父子遗漏的实证，就不能排除《满江红》是他们当时没有收集到的可能。这首词在宋元人的某一著作中也可能已经收录了，而这一著作又遗失了，才造成了今天的疑案。

从正面来说，包含在《满江红》里的思想，在岳飞的其他的作品中都存在着。就拿上面提到这首诗来看，"誓将直节报君仇""斩除顽恶还车驾"，这不就是说"待从头收拾旧山河，朝天阙"吗？"不问登坛万户侯"，不就是"三十功名尘与土"吗？现在又有人说，如认定此词为岳飞所作，则"三十功名尘与土"句便等于是岳飞夸耀自己的功名，还有人以为那就等于是岳飞用自己的事迹做典故，这都得算作误解。其实这句话的本意是，不论功名多么大，都看得很淡薄，并不是说自己的功名有多么了不起；是自述，不是用典。

岳珂所编的《家集》，都是岳飞的作品。其中有几篇题记，是岳飞行军时走在哪里，随时记下来的。估计岳飞这个人投军以前的文化水平并不高，因为他少年时只是一个佃户，种田的人。投军以后，文化程度提高得非常之快，到哪个地方都喜欢卖弄一下自己的文才，写写题记。《家集》中收的几篇题记，其中所表达的思想，和《满江红》的思想可以说全都相同。第一篇叫《五岳祠盟记》，这篇文章在《云麓漫钞》上也有，文字稍不同。据它说，是题在张渚镇一个大户人家客厅内的屏风上。在内容上跟这篇差不多，只是更详细些，文字也多一些。

题记内容如下：

> 自中原板荡，夷狄交侵，余发愤河朔，起自相台。总发从军，历二百余战。虽未能远入夷荒，洗荡巢穴，亦且快国仇之万一。今又提一旅孤军，振起宜兴、建康之城，一鼓败虏，恨未能使匹马不回耳。故且养兵休卒，蓄锐待敌。嗣当激励士卒，功期再战，北逾沙漠，蹀血虏廷，尽屠夷种，迎二圣归京阙，取故地上版图，朝廷无虞，主上奠枕，余之愿也。河朔岳飞题。

它的大概意思是：我从军以来打了二百余战，虽然没有扫荡到敌人巢穴中去，但总算是报了一点仇。现在来到宜兴，恢复了建康（今南京），一鼓作气，打败了敌虏，恨的是没能把他们斩尽杀绝，使他匹马不回。下面说，以后的目标，是打到漠北，"蹀血虏廷，尽屠夷种"。这不和"饥餐胡虏肉"，"渴饮匈奴血"，是一样的意思吗！"迎二圣归京阙"，这和"待从头收拾旧山河，朝天阙"又有什么两样呢？另一篇《永州祁阳县大营驿题记》中也有这样的话："他日扫清胡虏，复归故国，迎两宫还朝，宽天子宵旰之忧，此所志也。"不也和《满江红》词意相同吗？总观四篇题记，都包含着这种思想；把这种思想用韵文的形式，用词的形式写出来，不就正是《满江红》吗？

现在就出现了这样一个问题：岳飞能不能填词，会不会填词？这个问题很明显，他孙子搜集的集子里就有《小重山》词嘛！而且他还能作诗。一来有这种思想，二来又有作诗填词的本事，为什么写不出《满江红》呢？他已经用诗的形式写出来了，为什么不能用词的形式写出来呢？

夏老的意见说，《满江红》词与当时的地理形势不符，如"踏破贺兰山阙"，贺兰山属西夏，并不属金；岳飞是著名将领，对此应该熟悉。如果是岳飞写的，不会写贺兰山阙，因为当时的目标是东北。这种意见是值得商榷的。岳飞在这里是泛写，不是实指，"饥餐胡虏肉"，"渴饮匈奴血"，如果是实写，应该写"女真肉""金人血"才对呵。既然写的是匈奴血，就是泛写，是指广义的敌人。既然是写匈奴，他还可以写再往西一点的山，可以写祁连山。汉朝与匈奴作战，祁连山就曾是争夺的对象。汉朝占领祁连山，使匈奴吃了大亏。祁连山在甘肃。岳飞没有用祁连山，而用了贺兰山。我想这没有什么不可以的。如果认为敌人在东北，就只能写女真，那不就过于拘泥粘滞了吗？

夏老还提出：《满江红》词的作者是明朝的王越。因为把这首词刻在杭州岳庙中的时候正是明朝打败鞑靼五六年之后，而这次战争的指挥者是王越，而王越又是一个进士及第、能作诗填词、颇富文采的一个人；而且，只有明朝王越统领军队的那个时候，才有争夺贺兰山的事实。因此他说《满江红》的作者最大的可能是王越。我对这个判断有疑问，为什么呢？既然王越填词夸耀自己的战功，为什么嫁名给岳飞呢？那时候作《满江红》这首词决不会犯什么忌讳，要写自己的战功，完全不必借用岳飞的名字。

第二点，如果王越是在实写，那么，"踏破贺兰山阙"句前边的"靖康耻，犹未雪"句竟可以是泛写的吗？亡国是何等重大事件，词人岂能泛用？而且，如果泛用，则其所影射的究竟是明朝的什么事体呢？何况此句之后还有"待从头收拾旧山河"一句，又将如何解释？这一句，也只是符合岳飞当时的情况，南宋当时连淮水以北的土地都没有了，岳飞才有"待从头收拾旧山河"的责任感。明朝的鞑靼只活跃在河套以北的地区，"旧山河"都在明朝手里，为什么竟要"从头收拾"呢？和当时的情况极不相符。所以，如果把《满江红》词后半阕全部文句进行通贯的理解，而不仅仅纠缠在"贺兰山阙"这四个字上，则由明朝人王越或其幕府文人所作的这种说法就很难讲通了。

至于说"饥餐胡虏肉""渴饮匈奴血"这两句词兄弟民族很反感的问题，我认为这是历史上的事情，而历史应与现实严格地分开来。在历史上用这些话本是很平常的。凭着一时的仇恨感，即使是邻居也可以闹翻了脸，来个你死我活，甚至于兄弟之间闹了别扭也是如此，要置于死地而后快。现实的情况，在党的领导下，兄弟民族之间讲团结，讲友好，不该成天算旧账。

这就是现在所说的向前看,中华民族的各族人民应该团结起来向前看。

现在我们之所以重视对《满江红》的讨论,是为了发扬爱国主义精神,把这个属于全中华民族的优良传统发扬光大,而不是继承岳飞的那种做法;不是为了对北方的女真族或是其他少数民族如何如何,而是要各民族团结起来,同仇敌忾,共同对付妄图侵略我国,亡我之心不死的人。这才是现在研究这首词的思想意义所在。

(原载《文史知识》1981年第3期)

也谈关于岳飞和赵构的一段资料

6月6日《光明日报·东风副刊》上，登载了若文同志的《关于岳飞和赵构的一点资料》一文。作者首先引了文徵明的《满江红》词为证，说明秦桧之杀害岳飞，乃是"逢"赵构之"欲"，因此，在"违背民族利益、卖国投降、杀害良将这一系列的罪行"当中，主要责任应由"赵构来负，秦桧只能负其中的一小部分"。为了进一步证实这一论点，作者更引用了岳飞同时人张戒所著《默记》中的一段记载，作为"事实上的证据"。但《默记》的这段记载中有"莫若正资宗之名"一句，若文同志不得其解，便去请教北京图书馆的参考研究组，及得到参考研究组的答复，乃更为他的论点"提供了有力的证据"。

我对于若文同志的论点是不能同意的。在违背民族利益、卖国投降和杀害岳飞这一系列的罪行当中，秦桧和赵构是"其罪惟均"的，企图为其中任何一人稍加开脱都是不对的。这且不说，只说作者所引用的《默记》中的那段材料，如果真能得其确解，而不像北京图书馆参考研究组所曲解的那样，我看这段材料就恰恰是对作者的论点的一个有力的反驳。

张戒的《默记》早已失传了，若文同志所引用的一段，是根据明人舒荣都的《闲署日抄》转引的。在宋人熊克所著的《中兴小历》、李心传所著的《建炎以来系年要录》（以下简称《系年要录》）、岳珂的《宝真斋法书赞》和《金佗稡编·建储辨》中，都引用了这一段。熊书是在绍兴七年（1137）四月丁酉记岳飞与薛弼同"入奏事，飞以手疏言储贰事"云云一条之下，引《默记》此段作为附注；李书则是在七年二月庚子记"岳飞以亲兵赴行在，翌日内殿引对，飞密奏请正建国公皇子之位"云云一条之下，引此段作为附注。诸书所录，字句大体相同，今抄录《系年要录》所录如下：

> （张戒）《默记》曰：薛弼以甲子（1144）正月道由建康，谓戒曰："弼之免于祸，天也。往者丁巳岁（1137），被旨从鹏举入觐，与鹏举遇于九江之舟中，鹏举说曰：'某此行将陈大计。'弼请之，鹏举云：'近谍报虏酋以丙午元子入京阙。为朝廷计，莫若正资宗之名，则虏谋沮矣。'弼不敢应。抵建康，与弼同日对。鹏举第一班，弼次之。鹏举下殿，面如死灰。弼造膝，上曰：'飞适奏乞正资宗之名，朕谕以卿虽忠，然握重兵于外，此事非卿所当与也。'弼曰：'臣虽在其幕中，然初不与闻。昨到九江，但见飞习小楷，凡密奏皆飞自书耳。'上曰：'飞意似

不悦,卿自以意开谕之。'弼受旨而退。嗟夫,鹏举为大将而越职及此,其取死宜哉。"又云:"正不知若个书生教之耳。"

张戒的这段记载,在南宋就曾引起了一桩公案,但所争执的,不是关于"正资宗之名"一事,而是在于:岳飞究竟是在何年何月何日向赵构作此建议的。例如,熊克把此事写在绍兴七年四月丁酉,李心传却不以为然,他把它写在七年二月庚子,在附注当中且对熊克的记事有所驳正,说道:"飞三月乙亥已朝辞,弼三月丙子除京西帅……安得四月半间尚与飞同对乎?克考不详,是以差误。"熊李二人间的分歧,所关并不太大,他们还都认为《默记》中的这段记载是确实可靠的。到岳飞的孙子岳珂从《中兴小历》中看到了张戒的这段记载,大概认为他祖父当面受到皇帝的指责是一件很不体面的事,应当"为亲者讳",遂在编写岳飞的《行实编年》时,特别写一篇"建储辨"来辩白此事。他以为"建储"之议乃是指绍兴十年(1140)岳飞在鄂州军营中写成"密奏"派人送往杭州的,不是绍兴七年在建康向赵构当面提出的。既然不是面奏,则所传赵构训诫岳飞的话,全是薛弼、张戒二人捏造的,因而力斥《默记》之"荒谬不根,颠倒错乱",和薛弼的"矫称玉音,诬君罔上"。并且说,"原情议法,薛弼当在春秋诛心之典"。这说明,岳珂对于《默记》的这段记载是全盘否定的。这分歧可就大了。

其实,把"建储"之议的年月节次搞得颠倒错乱了的,不是薛弼和张戒，倒是岳珂。证据是赵鼎的《辨诬笔录》中的《资善堂汲引亲党》一条：

> 某丁巳（即绍兴七年）秋再相，适岳飞入朝奏事，翌日，上曰："飞昨日奏乞立皇子，此事非飞所宜与。"某奏曰："飞不循分守，乃至于此。"退召飞随军运使薛弼谕之曰："大将总兵在外，岂可干与朝廷大事，宁不避嫌？飞武人，不知为此，殆幕中村秀才教之。公归语幕中，毋令作此态，非保全功名终始之理。"弼深以为然，曰："当子细谕飞，且语幕中诸人也。"

赵鼎是秦桧的政敌，和岳飞无仇怨，他的这段叙事系年和《默记》《中兴小历》《系年要录》又正相符合，可知岳飞的建储之议确是在绍兴七年提出的，其曾当面受到赵构的指责，也必是事实。《默记》所载并无捏造之处。

《默记》所载，在岳飞与薛弼的谈话和赵构与薛弼的谈话当中，都有"正资宗之名"一句，而在赵鼎的记载当中，则把此句写作"奏乞立皇子"，在《中兴小历》的正文中则写作"飞以手疏言储贰事"，在《系年要录》的正文中则写作"飞密奏请正建国公皇子之位"。这可见，所谓"乞正资宗之名"和"乞立皇子""乞建储贰""请正建国公皇子之位"都是同义语，这与《春秋》上的"跻僖公"什么的是风马牛不相及的。而且岳飞也实在没有那么大的学问，动不动就引经据典地绕着大弯子说话，以致进士出身的张戒都不知其意云何！

分明是请立皇子，却偏要说成"乞正资宗之名"，岂不仍然是绕弯儿说话吗？这却不然。所谓"资宗"，是"资善堂宗室"的简称，其所指的具体人物就是《系年要录》中所说的"建国公"，也就是后来的宋孝宗赵昚。这是因为赵构只有一个亲生子，在"明受之变"以后死掉了，而所有宋太宗一支的嫡系子孙，即和赵构分支最近的，都在开封被金人俘虏去了，所以在绍兴二年他便从宋太祖的后裔当中选取了一个6岁的小孩子，"育于禁中"。到绍兴五年，在宫中建立了一个书院，取名为资善堂，作为这个宗室子的读书之所。并在这年封他为建国公。赵构是否就把他作为自己的过继儿子呢？这个关键问题却是到绍兴七年还没有正式确定下来。这时候，金与伪齐之间的矛盾正在加剧，金人常常故意散布一些流言，说准备要把宋钦宗赵桓或其子赵谌送回开封，这一方面是威胁刘豫，示意随时可以把他废掉；另一方面也是威胁赵构，要他出卖更多的东西给金国，否则就要使赵桓或赵谌回来替换他了。岳飞对这样的一些流言常有所闻，所以他在绍兴七年春夏间曾两次上疏，一次是请求乘机出兵北伐伪齐，另一次便是请求把赵构收养在资善堂中的那个宗室少年正式立为皇子，表示嗣君已定，借以抵制敌人的流言。后者就正是岳飞向赵构当面奏陈的所谓"乞正资宗之名"的奏疏。

岳飞的这一封《乞定储嗣奏疏》，全文并未流传下来，在《金佗稡编》当中，只保存了这样几句："今欲恢复，必先正国本，以安人心，然后陛下不常厥居，以示不忘复仇之意。"但仅就这几句也足可推知，在全文之中是断断不会提及什么"大宗、小宗""立跻宗"等等"非常异义可怪之论"的。

岳飞在以前虽然常常笼统地提及"迎还二圣"的口号，但到金人故意散布了上述的流言之后，他便有意地避开迎还宋钦宗的问题了。所以，他在绍兴七年的第一封奏疏中，便只说"异时迎还太上皇帝、宁德皇后梓宫，奉邀天眷以归故国，使宗庙再安，万姓同欢，陛下高枕万年，无北顾之忧，臣之志愿毕矣"。

《默记》所载岳飞对薛弼的谈话中，有"近谍报虏酋以丙午元子入京阙"一句，"丙午元子"是指宋钦宗在靖康元年丙午（1126）曾经立为皇太子的赵谌而言。赵谌在被金人俘走时是10岁，到绍兴七年已是20岁的人了，所以金人佯称要把他送回开封作傀儡玩弄；而岳飞所得到的谍报，则说他已经被送回开封了，所以他急于要赵构把赵昚立为皇子，以沮敌人之谋。这可见，对于所谓"乞正资宗之名"一事，不但不能牵强附会地曲解为"明是引《春秋》为例来说明大宗不可废，钦宗回来，帝位应仍归钦宗；钦宗回不来，应当内禅于钦宗之后"，并据此推论说，"高宗之所以要杀岳飞的真正原因，当在此"；恰恰相反，岳飞是向赵构建议以自己的过继子赵昚来抵制宋钦宗的儿子赵谌的。赵构之所以对岳飞加以训诫，则只是不愿他"越职言事"。试看赵构马上就又向薛弼说"飞意似不悦"，委托薛弼去开谕岳飞，也说明这一建议并没有引起赵构的反感，岳飞的杀身之祸绝不是伏因于此的。

综上所述，可知岳飞从来没有主张赵构应当把皇位还给宋钦宗或禅位给宋钦宗后人（南宋境内哪里还有宋钦宗的后人！）的事，从而也就根本不会有因此而致赵构特别忌恶痛恨他的事。岳飞的杀身之祸，只是因为他坚持抗金、坚决反对卖国投降的所谓"和议"而招惹了来的，是秦桧和赵构狼狈为奸、共同对他下的毒手。如果一定要在二人中分别主从的话，则主谋的凶犯是秦桧而不是赵构。想为秦桧的罪行作任何辩解和开脱，我以为都是极不应当的。

（原载《光明日报》1961年7月8日）

岳云是岳飞的养子吗？

从《宋史·岳飞传》以来，都把岳云说成是岳飞的养子。其实不然，从南宋的一些记载中看，岳云乃是岳飞的亲生儿子。

在南宋人编写的几种书上，记载说，岳飞在投身军伍之前，在家乡（河南汤阴）已经与一刘氏女子成婚，先后生了两个儿子，即岳云和岳雷。公元1127年，岳飞跟随宋高宗赵构南下时，让刘氏夫人留在家中，服侍母亲，抚养两子。不久，黄河以北地区即全被金人占领。大概没有很长时间，刘氏就脱离了她的婆婆和儿子而改嫁了别人。

1130年，岳飞率领一支部队在宜兴安顿下来之后，派人到黄河以北去迎接他的家眷，前后十多次，才找到了他的母亲和儿子，把他们接到江南军营。既然知道刘氏已经改嫁，岳飞就在宜兴另娶了一位名叫李娃的女子为妻，又生了岳霖、岳震、岳霆三个儿子。

1138年，岳飞派遣使者王忠臣送信给韩世忠，在王返回岳家军营前夕,韩让他转告:"岳飞的结发夫人现在我的军营里,是一名押队(即小队长)的妻子。请他派人前来,把她接去。"韩世忠并说已把此事禀报朝廷了。岳飞听了这个消息,深恨这位刘氏对他母子的不情不义,不肯再去接她,只派人给她送去了五百贯钱。他怕皇帝赵构因韩世忠的禀报而发生误会,以为他无故遗弃发妻,因此也上书申述缘由说:"(臣)履冰渡河之日,留臣妻侍老母,不期妻两经更嫁,臣切骨恨之。已差人送钱五百贯,以助其不足,恐天下不知其由也。"这件事不仅见于《三朝北盟会编》和《建炎以来系年要录》,而且在南宋的官书《高宗日历》当中,也有记载,可证确有其事。

由此可见,岳云乃是刘氏所生,是岳飞的长子而不是养子。只因后来岳飞的孙子岳珂编写《鄂王行实编年》时,认为刘氏的一再改嫁是一件不可外扬的"家丑",于是就把岳飞和刘氏这段姻缘一笔勾销,这就使后人误以为岳云是岳飞的养子了。

岳云与岳飞一同被迫害致死,事隔二十余年,这一冤案才得到昭雪。冤狱平反后,岳云的妻子巩氏在所上的一道奏状中说,岳云有子二人,女一人,岳雷有子四人,"现在潭州(今长沙)同居,并系阿翁枢密(岳飞被害前任枢密副使)亲孙"。岳云的子女既然是岳飞的"亲孙",则岳云当然是岳飞的亲子了。

(原载《百家言》,陕西人民出版社,1984年3月)

"拐子马"是怎么回事？

岳飞大破"金兀术拐子马"的故事，最初见于岳飞的孙子岳珂编写的《鄂王行实编年》（元人所修《宋史》中的《岳飞传》完全脱胎于此书）。其中说，岳飞在1140年与金兀术对战于郾城时，把金兀术最精锐的部队"拐子马"打得大败。什么是"拐子马"？岳珂的解释是：金国的骑兵，都是把每三匹马组成一个横排，这三匹马的马腿都用皮条连在一起（"贯以韦索"），以便进则齐进，退则齐退。岳飞发现了这种办法的弱点，在作战之前，命令他的步兵，人人持一柄"麻札刀"，"入阵勿仰视，第砍马足。'拐子马'既相联合，一马仆，二马皆不能行，坐而待毙。官军奋击，僵尸如丘"。

清代的乾隆皇帝，认为对"拐子马"作这样的说明不对头，就在《御批通鉴辑览》中驳斥说："北人使马，惟以控纵便捷为主。若三马联络，马力既有参差，势必此前彼却。而三人相连，或勇怯不齐，勇者且为怯者所累，此理之易明者。""况兀术战阵素娴，必知得进则进，得退则退之道，岂肯羁绊己马，以受制于人？"这段"御批"批驳得很有道理。在下象棋时还不能"别马腿"，在生死交关的战场上，怎能"羁绊己马"去送死呢？但是，"拐子马"究竟是怎么一回事，在这条"御批"中并没有做出正面回答。

其实，在北宋和南宋，都已有人对"拐子马"做出正确的解释了。北宋官修的一部兵书《武经总要》当中，有一条记载说："东西拐子马阵，为大阵之左右翼也。本朝西、北面行营，拐子阵并选精骑。"南宋人记载1140年6月顺昌（今安徽阜阳）战役时，也说：金人"以铁骑为左右翼，号拐子马，皆是女真充之"。从这两条记载可以知道："拐子马"阵，本来是宋朝制定的一种阵式。其中的"马"字即指骑兵，而"东西拐子"或"两拐子"则又与"左右翼"为同义语，可以互换互代。金人把铁骑（即精锐骑兵）列置在左右翼，所以就被宋人称为"拐子马"，有时也称为"两拐子马"。这种名称，只是就骑兵所在的位置说的，与兵士和马的本身并无关系。因而所谓"三人相联"或"三马联络"之说，都是昧于实战情况，望文生义之谈。

本是两翼骑兵，为什么又被称为"拐子马"或"两拐子马"呢？那是因为，从北宋以来，对于所有拐弯抹角的地方都叫作"拐子"。例如，据史料记载，1126年，在金人攻打开封城时，主持守御的李纲曾"募敢死士二千人，列布拐子城下"。这里的

"拐子城"，就是指开封城的某些角落而言。

宋金交战中，金人虽经常以骑兵取胜，但遇到了扛着"麻札刀"、入阵专砍马腿的岳家军，自然要马翻人仰，落得一个惨败的结局了。

岳珂之所以有那种误解，一则由于当他编写《鄂王行实编年》时，距离岳飞生活、战斗的年代已经六七十年，对于他祖父用兵作战的历史，他一概得诸传闻；二则因为他一生从未经历战阵，没有任何实战经验。所以他捕风捉影地对"拐子马"做出了那样错误的解释。他大概不曾料到，在这以后，竟至以讹传讹，至今还没有被纠正过来。

（原载《百家言》，陕西人民出版社 1984 年 3 月）

范仲淹的青少年时期是在哪儿度过的

4月1日《百家言》刊登了《〈岳阳楼记〉是游记吗》一文，认为《岳阳楼记》并不是一篇游记，这意见是对的。但文中又说："范仲淹是苏州吴县（今江苏苏州）人，出生在与洞庭湖相似的太湖畔，从小就看惯了太湖的阴风浊浪，春景皓月。更主要的是范仲淹两岁时死了父亲，其母谢氏由于无法维持生活，不得不带他寄寓安乡（今湖南安乡县）。稍长，读书于安乡醴泉寺。范仲淹对湘中胜状是比较熟悉的。"这一大段从地理位置上说，却不只是"谬以千里"了。

根据南宋人楼钥所编写的《范文正公年谱》，范仲淹在宋太宗端拱二年（989）生于徐州（因其父范墉在徐州任"掌书记"），两岁丧父，其母谢氏携之改嫁淄州长山（今山东邹平）朱氏，他遂被命名为朱说。他在20岁时举学究，以后即读书于长山的醴泉寺达三数年。后因突然闻悉他本是苏州范氏子，始感愤立志，要自己树立门户，遂"径趋南都"应天府（今河南商丘),临别还说,待他考试进士及第之后,必即来迎接母亲。在离开长山4年之后,27岁的朱说果然进士及第,而且做了广德军的司理参军。在这同一年内,他把他的母亲迎接到广德军。隔年之后,他到亳州去做节度推官,才又上表陈请归宗,并改名为范仲淹。

据此看来,说范仲淹生在太湖之滨,长在安乡县内,既看惯了太湖景物,也熟悉湖南胜状云云,都是与史实不符的。

范仲淹的人品和他所建立的事功,使他在身后享有越来越高的声名,以致有的人就想把他拉作自己的"乡贤"。到南宋后期,关于他青少年时期的居址和读书地点诸问题,便发生了多种的附会和讹传。例如,在宋理宗宝庆三年(1227),澧州一个官吏在其所作《澧州范文正公读书堂记》中说,范仲淹两岁从其母归朱氏,朱氏后来做澧州安乡知县时,范也"侍母偕来",并曾读书于当地的兴国观。到绍定二年(1229),丁黼受人之托,在其所作《池州范文正公祠堂记》中,则又说范母所改适的人,乃是家居距池州青阳县15里的长山朱氏,其地不但还有朱氏族人,而且还保存了范仲淹和他母亲的画像。前一说不论可靠与否,关系并不太大,因为,一任知县,最长不过3年。后一说,则全为捕风捉影之谈,在南宋就已有人在文章中指出其错误了。

《〈岳阳楼记〉是游记吗》一文采用了前一说,但又加以改变，说范仲淹从两岁起就随母"寄寓安乡"，并且硬把醴泉寺也给从山东长山迁移到安乡县去，好像范仲淹的青少年时期都是在湖南度过的一般。这种说法是没有根据的。将它公之于众，产生的效果也是不好的。

（原载《百家言》，陕西人民出版社，1984年3月）

为王安石的《明妃曲》辩诬

王安石于宋仁宗嘉祐三年（1058）由江南东路提点刑狱调任三司度支判官。他是在第二年的春夏之际才到汴京（今开封）就职的。就职后他首先写了一道长达万言的《言事书》给宋仁宗，但并未从仁宗和宰辅大臣那里得到任何反应。

王安石的为人，严肃、深沉，却似乎较少一些风流潇洒气质，但他在三司度支判官任上，大概因为政务并不十分繁忙，常有闲情逸致，便在一个闲暇的日子萌生了思古之幽情，写出了《明妃曲》二首，是咏叹汉代的王昭君出嫁匈奴单于的故事的。两首诗作于何时，在诗的本身内都无法考见，但在他写出此二诗之后，他在汴京的交游者，如欧阳修、司马光、梅尧臣等人，都分别用这一题目写了和章，从这些人的和章中，倒可以推求出此二诗均作于嘉祐四年（1059）内（梅尧臣嘉祐五年就去世了）。兹抄录《明妃曲》二首的全文于下：

其一
明妃初出汉宫时,泪湿春风鬓脚垂。
低徊顾影无颜色,尚得君王不自持。
归来却怪丹青手,入眼平生几曾有。
意态由来画不成,当时枉杀毛延寿。
一去心知更不归,可怜着尽汉宫衣。
寄声欲问塞南事,只有年年鸿雁飞。
家人万里传消息,好在毡城莫相忆。
君不见咫尺长门闭阿娇,人生失意无南北。
其二
明妃初嫁与胡儿,毡车百辆皆胡姬。
含情欲说独无处,传与琵琶心自知。
黄金杆拨春风手,弹看飞鸿劝胡酒。
汉宫侍女暗垂泪,沙上行人却回首。
汉恩自浅胡自深,人生乐在相知心。
可怜青冢已芜没,尚有哀弦留至今。

欧阳修等人对此诗分别写了和章(欧阳修还先后写了两首),说明王安石这两首诗不论在思想境界或描述的艺术手法上,都使他们佩服,都能引发他们同样的灵感。因而,在他们的和章中所表述的,也都是与王安石原作中同样的思想感情,并无一人对原作反映出稍有违异的意见。但李壁的《王荆公诗笺注》卷六,于《明妃曲》第一首的结尾"人生失意无南北"句下注云:

> 山谷跋公此诗云:“荆公作此篇，可与李翰林、王右丞并驱争先矣。往岁道出颍阴，得见王深父先生，最承教爱，因语及王荆公此诗，庭坚以为‘词意深尽，无遗恨矣’。深父独曰:‘不然。’孔子曰:‘夷狄之有君，不如诸夏之亡也。’‘人生失意无南北’，非是。庭坚曰:‘先生发此德言，可谓极忠孝矣，然孔子欲居九夷，曰:“君子居之，何陋之有。”恐王先生未为失也。’明日，深父见舅氏李公择曰:‘黄生宜择明师、畏友与居，年少而持论知古血脉，未可量也。’”

今按：李公择名常，江西建昌人，熙宁变法前，原亦为王安石好友。王深父名回，颍州颍阴人，也是王安石的好友之一，在王安石的文集中收录了他写给王深父的三封信，但其中全未谈及《明妃曲》的事。据黄㽦所编写的《黄山谷年谱》，山谷于嘉祐四、五、六诸年，即在他 17 岁至 19 岁时，随从其舅父李公择游学淮南某地，但既与王深父不时相见，想即在颍州也。王回与山谷谈及《明妃曲》时，尚称山谷“年少”，则可能即在嘉祐四、五两年内，距王安石之写成此二诗为时尚未久也。此当为《明妃曲》首章所受到的最早一次评论。但此后似乎也并无人再对首章进行讥评，而把讥刺锋芒集中到次章的“汉恩自浅胡自深，人生贵在相知心”两句上去了。

《明妃曲》的第二首，实际上是更深进一层，与前一首的“家人万里传消息”云云诸语是互相照应的。全篇只是描绘明妃陷身匈奴后的孤单情况和上下四方的凄惨环境。例如，周围胡姬虽多，衷情却无处可诉，只有把心曲借琵琶弹出，再由自己听取，自己吟味。这正表明了她的绝望情怀，用以回答家人的"长门闭阿娇"的劝慰。因为，尽管汉武帝的陈皇后因娇妒失宠而退居长门宫了，但陈皇后假如不犯"娇妒"的毛病，那就不会发生此事。而身嫁胡儿的明妃本人，却是被推入逆境的深渊，则并非一时失意的问题，是不论如何也永无改善境遇之日，远非退居长门的陈皇后之所能比拟的。其中的"汉恩自浅"云云两句，虽长期受到后世读者的非议，实则完全是出于误解。而这种误解，则是从宋政权南渡之后才开始的。李壁在这两句之下所作《笺注》云：

> 范冲对高宗尝云："臣尝于言语文字之间得安石之心，然不敢与人言。且如诗人多作《明妃曲》，以失身胡虏为无穷之恨，读之者至于悲怆感伤；安石为《明妃曲》，则曰：'汉恩自浅胡自深，人生乐在相知心。'然则刘豫不是罪过，汉恩浅而虏恩深也。今之背君父之恩，投拜而为盗贼者，皆合于安石之意，此所谓坏天下人心术！孟子曰：'无父无君是禽兽也。'以胡虏有恩而遂忘君父，非禽兽而何！"[荆]公语意固非，然诗人一时务为新奇，求出前人所未道，而不知其言之失也。然范公傅致亦深矣！

这段记载所涉及的，与宋高宗对话的范冲，是始终参与司马光《资治通鉴》编纂工作的范祖禹的儿子，是司马光嫡系人物的后辈，他对王安石《明妃曲》次章中的这两句话做出那样深文周纳的推阐，可以说完全是由其政治立场所决定，而不是出自审美的艺术欣赏观点乃至理性的语词分析和理解的。王安石的两首《明妃曲》乃是宋仁宗嘉祐四年所作，下距宋神宗熙宁年间王安石之推行新法，尚有十来年，其时王安石与司马光尚是好友，所以在王安石写出了《明妃曲》后，司马光与欧阳修、梅尧臣等人都先后受到思想感情的感染而写出了和章。范冲说："诗人多作《明妃曲》，以失身胡虏为无穷之恨，读之者至于悲怆感伤。"他所说的诗人当然即指欧阳修、梅尧臣、司马光等人，但何以不追根溯源，指明欧、梅、司马诸人的《明妃曲》都是由王安石的《明妃曲》所引发出来的和章，他们的话在读者群中所引发出来的反应，也正是王安石的原作在他们的身心中所引发出来的反应；否则，他们何以得有和章之作呢？在欧阳修、司马光因变法问题与王安石的关系破裂断绝之后，他们也全都没有悔其和章或反讥王的原作的任何表示，这显然可以证明，不论在思想、感情和意境、旨趣、寄托诸方面，原作与和章全都是一致的，而不是彼此有所背离的。而且，直到王安石逝世之后，司马光在写给吕公著的信中，对王安石所做的盖棺论定的评价，仍然是："介甫文章节义过人处甚多；但性不晓事，而喜遂非，致忠直疏远，谗佞辐辏，败坏百度，以至于此。"这里的"文章"二字，当然是包括王安石的诗文著作而言；"节义"二字，则又必包括所谓"三纲五常"以及出处进退等涉及封建伦常道德的诸事而言。而在这几方面，他是完全加以肯定而不曾稍致微词的。自"性不晓事"以下则是对王安石在变法过程中的行事用人等等举措而言,又是完全加以否定的。这分明是不因他不赞成王安石的变法而连带地诋毁及于他的文章节义的。王安石的好友王回,虽对首章中"人生失意无南北"句提出"非是"的评语,对于次章中的这两句却未加指责,可见他对这句是具有正确理解而无所误会的。黄山谷对这两首诗总评为:"词意深尽,无遗憾矣。"全面加以肯定,当然也反映出对"汉恩自浅"云云二句也是加以肯定的。可知在北宋一代,并无一人对此二句有所质疑,有所訾议。

范冲对宋高宗说的那些话,据李心传的《建炎以来系年要录》卷七九所载,是绍兴四年(1134)八月戊寅朔的事,上距王安石写《明妃曲》与司马光之写和章已及七十年。却出于对变法派首脑人物王安石的积愤,无理无据地对王安石原作中的这二句肆意曲解,并诋毁为无父无君的禽兽,假使司马光地下有知,也一定会替王安石驳斥这一曲解和诬蔑的。

断章取义,自来是解释诗文者之大忌,范冲在解释王安石的《明妃曲》时,却悍然犯此大忌而不稍顾惜,当然是不可能言之成理,具有说服力的。范冲竟似不见在此两句之下,紧接着就是收尾的"可怜青冢已芜没,尚有哀弦留至今"两句,这里"哀弦"即是上文的"传与琵琶心自知"的琵琶,若照范冲的解释,明妃既然以胡虏有恩而遂忘君父,然则还会有什么幽哀留在弦上呢?

编撰《王荆公诗笺注》的李壁，在引录了范冲的那段诬蔑之词以后，虽也认为他傅致太深，然而他也同样以为王安石的"语意"是错误的，不过这种错误之发生，乃是由于"诗人一时务为新奇，求出前人所未道，而不知其言之失也"。这与范冲的那些话语相较，也不过是五十步与百步之分，因为他对王安石的这两句诗，也同样是曲解、误解，而未能得其确解的。

然则对这两句究应作如何理解，才能合于诗人写作时的原意，亦即最确切的理解，而不是误解或曲解呢？答曰：这里最关键的问题有两个：其一，"胡恩深"与"相知心"乃是截然不同的两码事，不容混同，范冲却把二者等同起来，显然是别有用心的。其二，王安石本是把"汉恩自浅胡自深"句中的两个"自"字都作为"尽管"二字使用的，如把这两句都译为现代语散文并加以疏解，那就是：尽管汉朝所给予的恩惠浅而胡人所给予的恩惠深，那却不是问题的本质所在；不但饮食衣服不与华同，且言语不达，衷情难通，恩深也难心心相印；而最本质的问题却是"人生乐在相知心"啊！这与开篇所说"毡车百辆皆胡姬。含情欲说独无处，传与琵琶心自知"诸语相呼应，也是与结尾的"可怜青冢已芜没，尚有哀弦留至今"相呼应的。

欧阳修、司马光和梅尧臣诸人，对王安石这两首《明妃曲》，特别是对其第二首中的"汉恩自浅"云云二句，全都没有丝毫的误解，所以都对王安石的诗在思想感情上起了共鸣，写了和章。范冲说"且如诗人多作《明妃曲》，以失身胡虏为无穷之恨，读之者至于悲怆感伤"，而把这些诗人所做的《明妃曲》，全是王安石原作的和章一事加以掩抹，这不正好说明他是存心颠倒事实真相，有意地加以诬蔑吗？

若问：在王安石的诗中，还能举出以"自"字作"尽管"解的例证吗？答曰：能。王安石有《贾生》七言绝句一首："一时谋议略施行，谁道君王薄贾生。爵位自高言尽废，古来何啻万公卿。"这里也是只有把"爵位自高"解作"爵位尽管高"才可能使全诗怡然理顺的。

[附记]

近代著名诗人陈衍在其所编撰的《宋诗精华录》中，也选入了王安石的这两首《明妃曲》，他认为此二诗乃王安石"自己写照之最显者"。他说："'低徊'二句，言汉帝之犹有眼力，胜于神宗；'意态'句言人不易知；'可怜'句用意忠厚；末章言君恩之不可恃。'汉恩'二句，即'与我善者为善人'之意，本普通公理，说得太露耳。"陈衍的这些解说，其出发点虽全都是善意的，不似范冲的强为傅致，然于《明妃曲》二首之写作时次漫不加察，把作于宋神宗即位十二年前的诗误会为某些诗句乃针对宋神宗或对神宗与王安石的关系而发，不能不算是"村夫子强作解事"。对"汉恩"二句的解说，既极皮相，自然更不会得其要领。近年之编写宋代文学史者，亦尚有完全抄用陈衍此说者，则更属踵讹袭谬，不知别裁，其失弥甚矣。

(原载《文学遗产》1996 年第 3 期)

《陈龙川传》 自序

翻开南宋的历史，呈现在我们眼前的，是一幅屈辱到令人气短的画图。

人们惯于把南宋和东晋相提并论，然而，就所迁的地点论，南宋离开中原更远，在御侮的精神方面，南宋也更为不振：渡江击楫和新亭对泣等等的故事，在南宋的士大夫间是不曾有过的。

当宋高宗赵构嗣位之初，确曾屡次和金人作过战，但那是为了意欲建立一个小朝廷而不可得的缘故；及至小朝廷的规模既已在临安安排粗定，他便深怕再因稍拂金人之意而致其以兵戎来临，于是，不唯忍受着百般的耻辱，而且像孝子之于尊亲一样，先意承志，任凭金人之予取予求，以苟延岁月。

生在那个时代的人群，江南的土著以及由中原流亡到江南的士庶，由于高宗的委屈求和，虽得免于直接遭受异族的侵陵、压榨，而异族的威势，却依然通过了这小朝廷的当轴者，照样，或且更加甚地，使他们受着侮慢、掠夺和迫害，而过着痛楚艰难的日子。

按道理，这些受着折磨的人群，是应当能从这些灾难当中受到一些教益而反转来使这时代改观的，不幸他们竟毫无所得：没曾激发起他们的坚韧的抗拒力和悲愤的同仇敌忾之心，甚至连一分敏锐的感受性和观察力也都没有磨砺成功。在最应该警觉清醒的时候大家却都沉沉入睡了。

对这现象负有最大责任的，是自北宋开国以来历世承用的那份"家法"。宋太祖、太宗鉴于唐末五代连续发生的篡夺之祸和割据离乱之局，对于文武大臣和州军长吏，均存有猜忌防闲之心，遂将地方上财赋兵政诸大权均收归朝廷，又且勤加更调，武将郡守乃不得不拱手以听朝廷的约束。对于京朝臣僚，一方面既分其事权，密其法文，使其不得邀功生事，甚且不得以一事自专，一方面则又厚其廪禄，施以笼络，以使其安分循规，不生他念。这种政策推行的结果，便造成了一种头重脚轻的局面，在外则给予异族以可乘之机，在内则形成了习常蹈故、萎靡阘茸的风气，而行政上乃毫无积极效率之可言。南渡之后，中原全陷，大仇待复，亟应改弦易辙，作新气势，以共图恢复大业，而高宗孝宗却还在牢守着那防微杜渐的旧轨而不肯稍有违失。

于是，居于上层社会的学士大夫们，体会着皇家的意旨，便都率先去寻觅并制造各自的醉梦境界，远远地避开现实的一切。他们,在朝的虽则名义上操持着军政大权,却是在其位不谋其政,听任军政诸大端之日趋窳败,终日只迷恋于官僚政客的放纵生活,用其心计于固位取宠之术,把精力施散在骄奢淫逸方面,借贪污僭取以补充其用度的不足,过此以往,非所关怀。在野的则用着更漂亮的借口而摆脱开所应负的时代使命:国事之日非,并非他们所致使;政治道德之窳败,本也为他们所非议;而且为了挽救这危亡的时局和世道,他们还提出了最根本的从正心、诚意作起的主张;因而,不唯对于实际政治表现出一副若将浼焉的态度而不屑参与,在学问方面,对于礼、乐、兵、刑、射、御、书、数等,也鄙为形下之事而不肯肄习。就这样,对于那时代所付与的严重任务,便都被这些人轻轻地放弃了。

当大多数人被危急存亡的关头所震撼,感到无可措手的苦闷,甚或因以灰心绝望的时候,另一方面,不论在数量上是如何少,却终于有人认为还可有望,而在竭尽其心力以谋挽救。陈同甫,这本书所传述的主人公,便是其中主要的一个。

陈氏生于当时浙江东路的永康县,身丁时艰,目所见,耳所闻,都好像芒刺在身一般,使他放不开,忘不掉,忧心忡忡,唯求所以解救的途术。那时的浙东,恰正产生了郑伯熊、薛季宣一辈人物,辈分稍长于陈氏,陈氏却均得与之上下其议论,熏染了他们的为学宗旨,专就典章、经制、史事和世事上去理会一切,先则观其会通,继则加以切实的体验。在他是,凡足以开物成务、治国家、平天下的,莫不兼举并包,不分其为内外精粗,也不问其为王霸本末。

以其所学,救其心所为危的局势,在陈氏的意念中,便逐渐有了这样的一种责任感。当他看到对内则拘守成规,对外则屈己求和的高宗和孝宗的一贯作风,看到终日拱手闭眼,把当世兴丧视若无睹的道学家们,看到陷溺其身心于利禄之途,但务浮华不理世务的一般从政者们时,他禁不住气愤填膺,加以谏正,加以非难,而最终的目的却是,要从根本处加以改革。他曾因此而六达帝庭上书,两讥宰相无能。

> 天下非有豪猾不可制之奸,虏人非有方兴未艾之势,而何必用此哉!

对于孝宗,他这样针砭着。

> 今世之儒士,自以为得正心诚意之学者,皆风痹不知痛痒之人也。举一世安于君父之仇,而方低头拱手以谈性命,不知何者谓之性命乎!

> 今世之才臣,自以为得富国强兵之术者,皆狂惑以肆叫呼之人也。不以暇时讲究立国之本末,而方扬眉伸气以论富强,不知何者谓之富强乎!

向着一般大臣和儒士,他这样呵责着。

在陈氏看来,既然生为那时代的国民之一员,那国家民族的兴亡休戚便息息与之相关,正如同舟共济的一群人,中途倘遇险恶风涛，单为救自身的性命之计，大家也应当各尽其力以谋挽救。这是己分内事，是无可旁贷的责任。

然而，当群情失掉了常态，相率而走入放辟邪侈的路径之后，善恶是非的标准便也都随之而颠倒错乱。这时候，最狡狯和最少廉耻的，将最有用武之地，占取社会上一切的荣华富贵，受到全社会的奉承与喝彩；一个特立独行，操心危、虑患深的人，也便成了注定要遭殃的人。所以在这本传记中，将只看到对于天才人的迫害，对于正义感的摧残，使一个最清醒热烈的人，却因其清醒和热烈而受到最残忍最冷酷的侮弄和惩罚，困顿蹉跌以至于死。

这是一幕惨痛的悲剧！

然而更不幸是这悲剧并不专属于陈氏一己，"不幸而吾言中，不听则国必亡"。和陈氏这幕悲剧紧相联系着的，是那个小朝廷的命运更被牵引到万劫不复的地步，成了整个时代整个民族的悲剧。

陈氏的旺盛的活动欲，要挺身而出独当救亡大任的热烈怀抱，到今天还以雷霆万钧之力震烁着我们的心，读着他的"天下大势之所趋，天地鬼神不能易，而易之者人也"这样的文句，不由便激动起我们的慷慨奋发之情。也就是因为受到这样的激励，我才执笔来传述陈氏的生平。当述写之际，我仔细体会着陈氏所处的那一个时代的氛围，也设身处地地寻觅着陈氏一己的心理、思想、行为等等和那个时代交织着的错综关联。当我体认出那个时代确实需要陈氏那样一个人，而也确实将陈氏作育成能负荷那时代使命的人，而却终于又由那时代的毒手将陈氏残害了，这使我有时不胜其昂奋，有时起无限的怜悯，有时又不自觉地满怀气愤或为之悲戚。

然而我绝对不曾忘记这里所需要的一份冷静和客观，我绝不滥用我的同情，致使其对于事实真相有所蒙蔽。我只是努力把搜集到的一些资料，施以融铸贯串之力，借以表现陈氏的活泼明朗的全部人格，不使其像天光照耀下的云影，只成为模糊灰暗的一个轮廓。

像奔驰在旷原里的野马，像倾泻在悬崖上的飞湍，到了用之驾辕或引以灌溉的时候，说是必不会偾事或冲决，确实是未必然的。对于陈氏，一向便有一些人怀着这等疑虑。即如对陈氏深致其同情的全谢山氏，也竟说道：

> 若同甫，则当其壮时原不过为大言以动众，苟用之，亦未必有成。

似这般设为不必有的事以减削古人的评价，是极欠公允的。倘使朱子等一般理学家们能得大用，谁可保证其定能成功呢？然而在这本书中，我并没有举出全氏等人的意见而稍加驳诘。

陈氏的思想，一向被综括为"义利双行，王霸并用"八字，而也一向受着正统思想家们的非议。成长在浙东经制事功学术空气中的陈氏，在其早年就曾揭橥了"义利双行，王霸并用"

之说，我相信其确为不诬，然而当朱子规劝陈氏黜去此说之时，陈氏的回信当中却明明有一段说：

> 诸儒自处者曰义曰王，汉唐做得成者曰利曰霸，一头自如此说，一头自如彼做，说得虽甚好，做得亦不恶，如此却是"义利双行，王霸并用"；如亮之说，却是直上直下，只有一个头颅做得成耳。

这不但完全否认自己有这样的主张，而且派定对方的议论才真是"义利双行，王霸并用"之论。这究竟是陈氏的诡辩呢，还是陈氏的思想前后有所不同呢？对此，我没有找到最好的凭证以资论断，因而也只将双方的议论平等胪陈，并不站在陈氏的立场上而特别有所申说。即对于后来人非难陈氏的种种议论，也一概置而不辩。

陈氏的才学干略，我固已尽量大笔特写，而对于他的某些缺陷，却也并不曾曲为回护。

所以我想，在保持冷静和客观两事上，我总算已经尽了我的能事了。

在这本书中，我不曾有意地牵引任何一事使其和我们这一时代的现实事件相比附，然而，如果我们这时代还多多少少有些和南宋相似之处，那么，这本书多多少少也还该发生一些警惕作用的吧。

这传记的正文部分，我是完全采用的纯然叙述的体裁，不羼杂些许考证或议论的成分在内。然而凡是多少有些问题的事件，例如陈氏到江西去会晤辛稼轩的年月，以及和朱子辩论王霸义利各书札的先后次第等，则于铺叙之前，全都作过一番详审的考订工作，收在书后作为附录的，便是关系较为重大的几篇。在这几篇之外，本还作有"朱（熹）唐（仲友）交讧中之陈龙川"等三数篇，战前均曾在报端刊布过。在此流亡期间，一时却均无法觅得附入了。

1943年8月写于重庆南岸海棠溪

（见《陈龙川传》，重庆独立出版社，1944年）

《韩世忠年谱》序例

南宋中兴诸将，举世以韩刘张岳并称，就中忠贞之节，武穆为最；功业之伟，则当推蕲王；刘锜纯谨可称而勋绩稍逊；若张俊则养威避事，附权媚能，较之刘光世虽或稍优，于四人之中要为最下矣。武穆厄于权奸，终且为所锻炼诬陷以死，然自秦桧身死之后，迄其孙珂吁天辩诬，纂成《金佗稡编》之时，不唯枉屈尽已获伸，其经纶志节亦遂炳耀千秋而争光日月；刘锜身后则有章颖等人为之传以布于世，详述其军功政绩、气概行谊；其在张俊，亦且有姜夔慕厥大功，惜其细行小节之罕为人知，矻矻然访问搜采，编为《张循王遗事》一书，以补国史之遗（见楼钥《攻媿集》七十一，《跋姜尧章所编张循王遗事》）；然明受之变，慷慨赴义以竟成复辟讨叛之大业者，韩蕲王也，黄天荡与金人相持，终使兀朮仅以身免，金军狼狈遁去者，韩蕲王也，大仪镇重挫金军，建中兴以来之首功者，亦韩蕲王也，则谓南宋立国之基均为蕲王所手奠未为过也。然而除正史之外竟无一人铺叙其性行，网罗其遗事，虽其盛德丰功自足不朽，本无所藉赖乎此，而视彼三人终为寂寞，此则道古者之所常致憾而本谱之所由作也。撰述凡例，略志于下：

一、本谱以《辑本宋会要稿》、徐梦莘《三朝北盟会编》、熊克《中兴小历》、李心传《建炎以来系年要录》、杜大珪《名臣碑传琬琰集》、李幼武《名臣言行录》、《宋朝南渡十将传》《宋史》等书为主要取材之所。《建炎以来系年要录》博参群书，多所考定，视他书为最详，故本谱取材于其中亦视他书为尤多。方志笔记文集中之涉及韩氏事迹者，亦均旁搜博采，期少遗脱。

一、南宋宁宗朝章颖撰次岳飞、刘锜、李显忠、魏胜四人事迹，是为《南渡四将传》，其《自序》有云："中兴以来，诸大将宣皇威，敌王忾，垂功名于竹帛，纪勋伐于金石，眷遇始终，无遗憾者。独此四臣，或困于谗奸，或抑于媢嫉……志不获伸，目不瞑于地下，迹其规恢次序，实系当时之强弱，关后世之理乱，使不详记而备载之，则孰知机失于前而患贻于后世哉。"是其书唯以四将为限也。后来刻本乃均益以韩世忠、张俊、虞允文、张子盖、张宗颜、吴玠，而改称宋朝《南渡十将传》，其中唯吴玠传极疏略，似是属笔未成之稿，韩世忠、张俊、虞允文、张子盖、张宗颜五传则记叙均详核完赡，取与《宋史》各本传相核，知史传即从此出，疑其本为国史中之正传也。韩传记建炎二年四月与金人战于西京事有云："世忠被矢如棘，力战得免。还汴，诘一军之先退者皆斩左右距。"此与《建炎以来系年要录》及赵雄所撰墓碑中"一军皆斩左右趾以徇"之说全相吻合，《宋史》本传叙此事之文与十将传全同，独以"距"为字误，改而为"惧"，遂与事实大相谬戾。本谱唯以十将传为据，不复引录史传。

一、凡各书同记一事而情节互有出入者则遍录各书之文，依其事之顺序而比次之，其得失可得而断定者，间亦加以考察。若仅有详略之不同而大体不殊者，则引录最详之一书而他书从略。

一、凡一事与他人之行事有涉，非征引不足以明其原委者，则取征于记载较简之一书，庶梗概可得略见而不至有喧夺之弊。

一、方今士林通病，在束书不观而好纵谈史事。即如创作之文固应与考史之作殊科，然若以"历史剧"或"历史小说"为名者，则终以大致不背于史实为是，乃近今所有涉及韩氏或其夫人梁氏之作品，大都妄肆臆测，不稍考核。抗战以来后方书籍之不易获得当亦造成此现象之主因。编者有鉴于此，故本谱编制，仅将各书资料诠次排比，不复施以修润融贯之力，一以保存各书之真，一以便于参考者之自行择取。所冀刊布之后，时彦如再有作，肯就此而取材焉，则亦庶乎其不悖矣。

一、各书所记地名人名多参差互出。如绍兴十年八月韩氏部将解元与金人交战之地，或作郯城，或作谭城；金之统帅四太子，或称其汉名作"完颜宗弼"，或用其番名作"兀术"，而清更改译为"乌珠";金穆宗子之为统帅者,或称其汉名作"完颜昌",其番名译音则或作"挞懒",或作"挞辣",而清更改译为"达赉"。今所引录亦均因仍各书之旧,不为改易。(《建炎以来系年要录》仅有清代辑印之本)

一、韩氏一生行事,不唯与安攘大计有关,其关系于一代政局者亦至密切,故本谱虽以篇幅关系未能尽量记叙其时之大政施措,而世局隆替亦终可借以觇见焉。

一、本谱草创于两年前寓居昆明之时,中间作辍无常,迄今春方得完稿于四川南溪之板栗坳,所用书籍均假自国立中央研究院历史语言研究所,谨此志感。其为研究所所无之书均无法获睹,挂漏必多,博雅君子进而教之是幸。

1942 年 8 月 28 日记于重庆南岸之海棠溪

(见《韩世忠年谱》,邓恭三著,独立出版社印行,1944 年)

《宋代文官选任制度诸层面》序言

宋代的职官制度，就其部门与层次来说是错综复杂的，就其相互间的关系来说，又是胶葛混淆的。因此，它自来被宋史的研究者们视为畏途，望望然去之，避之唯恐不远。然而照实说来，在宋史研究领域里，它却是一个最具关键性的问题。我们似乎可以说，对于宋代职官制度了解的多少，是会在质的方面，决定一个宋史研究者研究成果的水平高低的，尽管其研究课题有这样那样的不同。我的朋友当中就曾有人说："职官制度方面的事，即使你不去管它，它也要来管你，不管你研究的是哪一类问题。"这些话，不论发出于我的那些话以前或以后，总是都得我心之所同然的。

在宋代职官制度中，其最为通常出现的、关系到绝大多数官员的升迁、黜降事件的，一个是有关铨选的问题，另一个则是有关磨勘的问题。前一个，虽是从前代沿袭而来的一种制度，到宋代却又具有了与前代大不相同的一些特点；后一个，虽也是属于前代已有的考核制度之一种，但不仅这一名称为宋朝所首创，其所实施的种种细则，也是前代所不曾有过的。因此，我们似又不妨说，对于铨选、磨勘等问题如缺乏清晰的概念和透彻的理解，对于宋代的职官制度也就会随时随地遇到一些扞格难通之处，从而也就无法真正领悟。

《宋史》把章惇列入《奸臣传》中，但在章惇的传中，却插入了如下几句话：

> 惇敏识加人数等，穷凶稔恶，不肯以官爵私所亲。四子连登科，独季子援尝为校书郎，余皆随牒东铨，仕州县，迄无显者。

李纲的《梁溪全集》（卷一六〇）中也有《书章子厚事》一文，文中有一段说道：

> 方子厚当轴，士大夫喜诋诃其失；然自今观之，爱惜名器，坚守法度，诸子虽擢第，仕不过筦库、州县。岂不贤哉！

以上两段引文所反映的是，在宋代的大小官僚们的仕宦进程中，有的人可以利用其既得的特权，令其子弟不依铨选的固定程序而快速晋升，而被一般人认作并非善类的章惇，却独能奉公守法，令其子弟均按部就班地听候铨叙机构的注拟。

伴随着科举制度的盛行，在唐代即已有了"循资格"的死板规定，作为入仕人群升迁调补的准则和限制；到宋代，科举之盛更远非唐代之所能比,官僚群体之员额也几乎是年有所益,月有所增,于是待次待阙于铨部者纷纷扰扰,于是铨部在极端正常的情况(即非徇私枉法时)下也只能做到"资深者序进,格到者次迁"的地步,自无法使非常之才得以尽快地脱颖而出。这对于造成宋代吏治之因循保守,显得奄奄无生气,不能不是一个重要原因。

倘若不深入理解铨选在宋代职官制度中所占有的地位,就连章惇所具有的那一独特的美德也无法领会,更何论于对宋代的官制以至对宋代政治历史的研究呢?

《宋史》的《范仲淹传》,于记叙其在庆历三、四年(1043—1044)内推行了一些新政,后因遇到很大阻力以致不能不离开参知政事的职位时,对范仲淹所推行的新政作了一段总的评述说:

> 仲淹以天下为己任,裁削幸滥,考覆官吏,日夜谋虑兴致太平。然更张无渐,规摹阔大,论者以为不可行。及按察使出,多所举劾,人心不悦。自任子之恩薄,磨勘之法密,侥幸者不便,于是谤毁稍行,而朋党之论浸闻上矣。

《宋史》的《苏轼传》载有苏轼于王安石罢相退居金陵之时,在由黄州去常州的途中特地与王安石相会晤时的一段谈话,其最末一事为:

> 安石又曰:"人须是知行一不义、杀一不辜、得天下弗为,乃可。"

轼戏曰:"今之君子,争减半年磨勘,虽杀人亦为之。"
安石笑而不言。(按:《宋史》此段当抄自邵伯温《闻见录》)

上面的两段引文,一则反映出,对于磨勘法之改进和加密,竟可以使一个参知政事因而去职,足证磨勘法在官员群体中的牵动面如何之广;二则反映出,官员群体中人,为企图把磨勘提前半年进行,竟至可以不择手段地去谋求。这就又都反映出,磨勘问题关系到一个官员的仕宦进程,是如何重要的一个问题。

总括上面的一些论述,我们说,铨选与磨勘二者,乃是宋代职官制度中极为关键的事,是研究宋代职官制度史者不可不首先董理清楚的问题,自然是没有任何过分之处的。

在50年代中期,为了培养学生"向科学进军"的本领,我曾参照清代乾嘉学者的意见而向学生提出研治史学的四把钥匙,即职官制度、历史地理、年代学和目录学四者。当时的学生正热衷于讨论"理论挂帅""以论带史"和"论史结合"等等的问题,大都把我的意见认为是"老生常谈",是陈旧过时的方法论,因此,它所起的引导作用实极微末。然而,到1958年的教育革命期内,北大历史系的学生为批判我的学术思想,贴出了铺天盖地的大字报,绝大部分是以我所提出的治史的四把钥匙作为批判对象的。有的大字报上还突出地画出了一把金黄色的钥匙,用以象征马列主义,并向我质问道:为什么竟把这一把最灵验的钥匙撇开不谈?当时我心想,倘若我真的把马列主义降低到与年代学、职官制度、历史地理、目录学诸门类同等的水平，那岂不将构成更严重的罪状吗？只因当时我并没有进行答辩的资格，所以就默尔而息了。事后，虽经学术界的领导人物郭沫若、胡乔木分别在报刊上或会议上为我的四把钥匙进行了平反，然而年轻人真肯使用这四把钥匙（或者其中的任何一把）去研治史学者，却依然是为数寥寥。

在为数寥寥的青年学子当中，我的小女儿小南居然也是厕身其中的一人。照实说，她并不是在我的指引之下，而是在陈寅恪先生的高足王永兴教授的加意指引之下掌握了这一治学道路的。王永兴教授所开课程是隋唐五代史，隋唐的职官制度、隋唐职官制度中的铨选制度，属于王教授的重点讲授内容之一，使听课者均深受其益，而小南则又把她所传承于王先生者推衍到宋代职官制度和铨选制度的研究，终日甘居于寂寞之滨，孜孜矻矻地乐此不疲。她以"水滴石穿"的功力，努力去攻克宋史研究中的这一坚硬堡垒。其研究成果则是目前要奉献于专家学者面前的这本《宋代文官选任制度诸层面》。

这本书中的一些篇章，已曾在国内各地的期刊上刊出过，也大都受到一些专家学者的注意和品评。有的人说，她的这些文章，反映了她的基本功的深厚扎实、逻辑思维的周密谨严，诠释精当，剖析和论述也都层次井然；有的人则说她的选题难度大，而她却能够开掘得很深，阐释得很透，随时随地都能提出自己独到的见解，使读之者不至产生"陈旧""平庸"和"似曾相识"的感觉；有的人又说，对于北宋前期官、职、差遣的分离问题进行探讨分析的文章并非太少，其中有些或则就事论事，或则蹈故袭陈，而她的论文却出手不凡，将官与差遣分离的历史过程追本溯源，爬梳得一清二楚，犁然有当；有的人则更说，特别难能可贵的是，她把官制史的研究放在广泛的政治、社会和历史的联系中进行，这是就制度论制度者永难望其项背的。这些话，虽大都出之于同行同道的史学研究者之口、之手、之文，似乎不免有内台喝彩之嫌，但实事求是地加以衡量，我却也觉得这些话是符合实际的，并没有揄扬过分或失实之处，用特摘述于此，以代替我要说的一些内举不避亲的话语。

我还想说一些离题稍远的话。如今的世道，大家，特别是青年人，都成了急功近利主义者，都急于求得声名和财富。这种歪风邪气，不幸竟也污染到学术研究的领域。这对我们的学术研究事业，是非徒无益而又害之的。我们应当奋力改变这种状况，应当树立一种笃实的学术风气，应当对于正在走着淳朴务实道路的青年学子和学女，尽可能给予鼓励和扶持，使其辛勤笔耕的成果不致淹没无闻，使一些不仅能弄清史实而且有独到见地的著作能够一批批涌现出来。对于此事，我国学术事业的振兴，再缩小范围来说，我国宋代史事研究的振兴，实利赖之。爱借这本小书印行的机会，对于在学术界较有影响的老辈学者和操文衡、主编政的先生们提出这一呼吁。

1991 年 5 月 20 日于北京

（见《宋代文官选任制度诸层面》，河北教育出版社，1993 年 4 月）

学术研究中的实事求是

一、理论运用的实事求是

在 20 世纪二三十年代之内,我国的进步学者已开始运用马克思主义来研究中国的历史。在新中国建立之后,全国的历史科学工作者更都致力于马列主义和毛泽东思想的学习,并都力图运用其观点、立场和方法于历史的教学和研究。应当说,30 几年以来,在这方面所取得的成绩是很大的。虽然各个人的造诣有浅深之不同,造诣之深与浅,其在教学和科研方面所收取的效果与成果之精深度也便大有区别。这都是有大量的事实和出版品可以验证的。

但在另一方面,我们的理论学习却也不免有走了弯路之处。我这里主要是指所受"左"倾思潮和教条主义的影响。

马列主义毛泽东思想的核心精神是实事求是。我们近 30 多年来在史学领域的理论学习和运用,在不少方面却往往背离了这一基本精神，走向了本本主义和教条主义，宁可违背了大量历史事实和现实情况，而必须符合于马克思、列宁、毛泽东的某著作中的某段话或某论点，作一些空洞的八股文式的代圣人立言的说教文章。

马列主义毛泽东思想只是行动的指南，而不是做任何事情的现成方案，这也是人所共知的。这里所说的"行动"，不只是指革命行动而言，一切学术研究，特别是社会科学和人文科学的研究，当然也都包括在内。因此，当我们对社会科学或人文科学的任何一个课题进行研究时，只应把马列主义毛泽东思想作为指导思想，领会并运用其精神实质，而不应专去搬用他们所说的某一句话或抄引其某一著作中的某一章节。因为，他们所说的某些话和著述中的某些章节，有许多都是有其特定的针对性的，是在某种具体条件和具体环境之下发表的，因而不能一概把它们作为放之四海而皆准的原理原则来应用。

我们现在已经越来越清楚，社会主义的革命和建设，不能在所有国家都用同一个模式。1917年在列宁领导下的十月革命成功经验，是不宜于一模一样地照搬到中国来的。但在李立三、王明推行他们的极左路线时，却偏要照搬。于是，不但不搞工农联盟，甚至有人一提及农民问题，即被认为右倾。结果是，几乎把中国革命的前途断送掉。只有在毛泽东的领导之下，把马列主义与中国的革命实际相结合，制定了农村包围城市的战略和工农联盟政策。在教条主义者看来，这都是在马列主义中找不到的，然而就凭靠了这样的战略和政策，把压在中国人民头上的三座大山一并推翻，使全中国（除台湾省）得到了解放。这里面的最主要原因，就在于毛泽东路线最能体现马列主义的精神实质。

在我们的学术研究领域，在近30多年内，教条主义也颇起了一些消极作用。当七八十年代之交，我们的理论战线上曾开展过"两个凡是"与"实践是检验真理的唯一标准"的论辩。凡坚持前项主张的，都应称之为教条主义者吧，也可说其头脑已经有些僵化了的吧，然而其中竟也有不少人平素是以理论家著称的。就此即可证明教条主义的危害。倘使没有那次的论辩，不使教条主义受到有力的冲击，今天我们思想界、理论界的生动活泼局面是不会出现的。

在历史学的研究领域，也可以举出两个事例，说明教条主义所起的消极作用。

其一是有关封建社会历史时期内的土地制度问题——中国自从进入封建社会历史时期之后，虽则发生过许多次朝代的更换，任何一个朝代却都不曾改变过土地私有制度。就是在实行均田制度的时候也同样如此："地主、贵族和皇帝，拥有最大部分的土地，而农民则很少土地，或者完全没有土地。"这情况，按之史实，铁证如山。然而在我们历史学家中，却有人因为在马恩论著中看到"不存在土地私有制……是了解东方天国的一把真正的钥匙"一类话语，竟置我国历史事实于不顾，硬要说，中国的封建社会所实行的是土地国有制，说地主对土地的所有权乃是"不完全的所有权"，说毛泽东在文中用"拥有"字样，正说明他也认为不是"所有"。以致在一个时期之内，竟至产生了一种潜在气氛，仿佛不主张土地国有制者便都不是马列主义的历史学者。为了纠缠这个本来不应成为问题的问题，不知消耗掉我们历史学界多少人的宝贵的时间和精力！

另一个是关于农民起义的问题——自从进入阶级社会以来，人类的全部历史都是阶级斗争的历史。这本是马列主义的一个最基本的论点。毛泽东在《中国革命和中国共产党》一文中，却又把农民的阶级斗争的作用拔高，说道："在中国封建社会里，只有这种农民的阶级斗争、农民的起义和农民的战争，才是历史发展的真正动力。"到后来，他更把这段话概括为"阶级斗争为纲""千万不要忘记阶级斗争""阶级斗争一抓就灵"等话语，这当然就不只是指农民的阶级斗争了。我们不应不加思考地把这些话都认作毛泽东思想的组成部分。因为，恩格斯在1892年为《社会主义从空想到科学的发展》的英文版所作导言中就说过："一切重要历史事件的终极原因和伟大动力是社会的经济发展，是生产方式和交换方式的改变，是由此产生的社会划分为不同的阶级，是这些阶级彼此之间的斗争。"两两相较，毛泽东的话分明是说得不够全面，说得有些偏激了。然而在他的这一论点指引之下，我们的历史学界几乎有千军万马（也包括我自己在内）奔向农民起义这一课题的研究了。而且这些研究者还力求阐明，后一次的起义对历史发展的推动作用一定要高过先前的一次。始终把生产力的发展之诸要素抛置不顾，而专以农民起义作为历史发展的动力，当然是得不出确切的答案的。于是又有聪明人出，经过他的苦思冥想，想出了一个对策，说农民起义迫使统治阶级对农民实行了让步政策，因此提高了农民的生产积极性，从而就推动了历史的发展。不料这一论点抛出不久，就又受到了极严厉的批判和围攻。于是对农民起义的研究不免又陷入比较尴尬的局面。计量一下全国的历史学者在过去30几年内投入这一课题的时间和精力，是否可以说事倍而功不半呢？是否也可以说，这是走了一段教条主义的弯路呢？假如我们能从中分出大部分时间去从事于另外的一些历史现象、历史问题、历史事件、历史人物等等的研究，是否会得出一些更为丰硕的成果呢？

拖延了我们史学研究的发展进程的，当然并不只上举两事。最主要的根源，当然还与新中国成立以来笼罩在整个学术界的大气层中的极左思潮有关。试想，在新中国成立之初，我们对社会学的研究、心理学的研究、文化史的研究，甚而对于法学和法制的研究，不是一一都受到鄙视甚至批判而全都停顿了吗？这就致使我们的历史科学的研究，缺少了多少交叉学科，无法进行横向联系，部分史学论著的内容，便只能愈来愈写得枯燥乏味，模式既大都类似，所作出的论证也大都单薄而不够雄辩。

二、使用资料的实事求是

史学研究之必须依靠史料,这是不待说明的。进行任何一个史事问题的研究,都必须首先广泛地去搜集史料,然后加以罗列排比,加以审查鉴定,然后决定其用舍弃取,是即所谓"去粗取精,去伪存真"。这些都属于最初步的工作。史学研究工作只能以此为始基而不能以此为终结。继此之后,还必须对所取用的史料进行分析或综合,探索其内涵,考求其外延,是即所谓"由表及里,由此及彼"。再然后才能更进一步而得出应有的亦即实事求是的结论。

凡对史料不能做出正确的选择,不能得出正确的理解,或有意地做出歪曲的和不能恰如其分的解释的,便必定得不出具有坚强说服力的研究成果。

举一个最明显的属于宋史范围内的例子,是从清代直到今天对于王安石的思想行为的研究。

生活在清朝乾嘉时期的江西省金溪县的蔡上翔,是一个一生致力于古文的人。他对于宋代苏轼和司马光的学行著述,都五体投地地景仰钦佩,但他对于王安石的诗文和相业也同样地景仰钦佩,更因他与王安石生同乡里,总觉得王安石在生前和身后所受世人的攻击太不公平,便在晚年写成《王荆公年谱考略》一书,极力为王安石辩白洗刷。在这部书中,他力图证明王安石与司马光、苏轼是同样的品学兼优的儒家人物。甚至认为他们在政见上也只有小的不同,并非严重地对立。他竟至因司马光在其《致王介甫第三书》中对王安石执政后的一些言论措施深致不满,便认为这"必非君实之言。元祐党人惯造伪书,增添改窜,徒形丑恶,是亦《辨奸》诸文之类也"。对于"后来所传之《温公日录》《涑水记闻》诸书",他也因为其中对王安石"诋毁百端",而断言"固知诸书皆为伪造无疑也"。对于苏轼为司马光写的《行状》,蔡上翔则因《行状》全文"至九千四百余言,而诋安石者居其半",便又断言:"无论古无此体,即子瞻安得有如是之文!"似这样的不凭事实、不重证据的肆意武断,怎能弥合司马光、王安石二人间的政争和矛盾而取信于后来的读者呢?而这正是蔡上翔不肯实事求是的作风难以避免的后果。

可笑的是,在"文化大革命"的后期,由"四人帮"导演的那一出"儒法斗争"的闹剧中,"四人帮"的御用文人"罗思鼎"们,根本没有读懂蔡上翔的书,不知道他著书的用意是要把王安石与司马光的政见分歧尽量缩小,并力图证明两人都同样是典型的儒家人物;而却糊里糊涂地要用这本《王荆公年谱考略》作证物,来论证王安石是法家人物。南辕北辙,郢书燕说,其愚昧荒谬,自然更不是仅仅不符合于实事求是的原则的了。

自从我国沦为半殖民地和半封建社会以来,所有具有民族意识的人们都致力于变法图强,振兴中华。在学术文化界评价历史人物时,遂也大都对一些曾经实施或倡导过变法改良的政治家和思想家给予较高的评价。就王安石和司马光二人来说，基本上总是王安石占有优势，司马光则因其始终坚持反对变法的意见而处于较为不利的地位。但司马光行己处世的正直严肃作风，由他主持编定的伟大历史著作《资治通鉴》，却极少有人不予肯定。对此，我认为既属正常而也不失公允。然而在近年改革声浪盛行以来，也竟有人要为司马光翻案，把他在晚年做宰相后推翻所有新法、一切恢复熙宁以前的旧法的史实视若无睹，只提出他早年的《论财利疏》等文，而硬要把他置之于改革派的历史人物的行列之中。这种做法，我以为也是完全背离了实事求是的原则的，其结果也必然是徒劳无益的。

而今大地终于回春，尽管我们的植被面积不够宽广，防风林带的层次不够高厚，不免有时还遭受到挟沙带石的狂风的袭卷，但从大气候即宏观方面看来，现在毕竟是 30 多年来，最适合于各行各业（其中也包括学术研究）专心致志去搞各自业务的时机了。我们的史学工作者（自然也包括宋史研究工作者）亟应乘此大好时光，摆脱掉一切条条框框和清规戒律的束缚，走向实事求是的康庄大道。在运用理论时必须扣紧中国历史的实际，在运用史料时也力求避免穿凿曲解以及歪曲事实、哗众取宠等病。只有这样，我们的史学研究才能对我们精神文明的建设做出应有的贡献。

（见《宋史研究论文集》[1987 年年会编刊]，邓广铭、漆侠等主编，河北教育出版社，1989 年 5 月）

解放思想，实事求是，把史学研究推向新的高峰

在上次年会上，我曾谈过"学术研究中的实事求是"，今天仍然是要从另外的角度重谈一次这个问题。主要是因为，这一问题对我们树立正确的学风，对我们史学研究工作的排除干扰和健康发展，关系极为重大。

在史学研究方面的解放思想，一是要从教条主义的束缚中解放出来，二是要从大量的史料所带给我们的陈旧观点的束缚中解放出来。前者是属于理论的问题，要求我们能把马克思主义与中国的历史实际相结合，而不要生搬硬套，削足适履；后者是属于史料的问题，要求我们能以现代人的思辨头脑，在搜集到广泛的历史资料之后，进行去伪存真、去粗取精的工作；如果满足于堆砌史料，铺陈史料，而不能从对史料的比较和分析中发现问题，那就只能起到一个史料箱、史料库的作用，而不能成为研究性的（即富有独到见解的、对人有启发的）成

品。北宋理学家张载曾说:"学贵心悟,守旧无功。"我以为这话值得我们记取。再综括来说,就是:在理论战线上我们必须反"左";在史料的处理上必须反"左",还必须防右。

以下再就这两个问题分别作些论述。

先说那个属于理论方面的解放思想和实事求是:

在新中国建立以来的42年内,每一个身处于我们史学研究领域的人,对马克思主义的学习,用力都很勤,也都取得了大小不等的成绩,这是不容否认的。但是我们所学的马克思主义,或者从苏联传来时已带来了苏联学者硬塞进去的许多附着物(不符合于马克思主义的附着物),或者在传来中国以后又被中国学者塞入一些也不符合于马克思主义的附着物(不要过高地估计了我们的理论家,试看,如我在前次年会上所说,在讨论"两个凡是"、讨论"实践是检验真理的唯一标准"的问题时,有好些栽了跟头的人,平素都是以理论家的面目出现的)。目前,为了更好地开展我们的科研工作,应已是冷静地思考一下过去的失误并加以纠正的时候了。我在报端看到,有人建议重新开展一次关于实践是检验真理的唯一标准的讨论。可见本本主义和教条主义还在盛行。因此,在史学研究领域,我们也还须大倡特倡实事求是的学风。

到70年代之末为止,我们的史学研究基本上是走了教条主义的,也就是极左的路线的。在这种路线指引下,从50年代开始,就开展了对所谓"五朵金花"的讨论。史学界的千军万马都热火朝天般投身于这些问题的讨论之中。但为时未久,关于用斯大林对民族形成所下的定义对汉民族的形成问题进行的讨论就进入了死胡同,便偃旗息鼓、鸣锣收兵了。于是只剩了四个问题。在上次年会上,我曾说到,土地国有制与中国的历史实际是不相符合的;毛泽东所说"只有这样的农民起义和农民战争,才是历史发展的真正动力"也不符合于马、恩为历史唯物主义所下的定义。除掉这三个问题,便只剩下奴隶社会与封建社会的交替时间问题和资本主义生产关系何时萌芽的问题了。这就正是今天我要稍加论述的问题。

这两个问题同是属于社会经济形态,即几种生产方式递嬗更替的问题。中国的封建社会开始于何时,在解放以后有四五种不同的说法。在"文革"以前和以后,全国各地各学校和学术研究机构,已经举行过无数次大小规模不等的讨论了。迄今都仍各自坚持各自的主张而并未取得共识。看来也将永远无法取得共识。因此,对于这一问题我主张采取"模糊史学"的办法。

我觉得,毛泽东在前本是主张西周封建论的,后来却要大家采用郭沫若的春秋战国间之说,可见他也有点采用模糊史学的样子。中国历史博物馆开会讨论革新三十年一贯制的陈列,我也提出此意见,与会的人也大都表示同意。至于在每个人的教学和写作过程中遇到这一问题时,那就"各遵所闻,各行所知"好了,大可不必再就此问题进行纠缠,以免再浪费大量的时间和精力。

资本主义萌芽的问题也一样，有说开始于唐朝的，有说开始于宋朝的，有说开始于明朝后期的，有说开始于清朝初年的。讨论会也开过无数次，讨论的文章也刊出无数篇了，迄今却也未取得共识。我以为，这也是一个永远不会取得共识的问题。因而也不必强求，也采用模糊史学的原则，"各遵所闻，各行所知"好了。免得再把大好的光阴、有涯的生命浪费在这问题的讨论上。照我的意见说，中国社会经济的发展史上，根本没有资本主义萌芽的阶段，资本主义的成分，是由外国的经济侵略带来的。唐宋以来商品经济诚然高度发展，但并无大工厂的出现，也不曾有大量自由出卖劳动力的工人。直到全国解放之前，也没有出现实行货币地租的地方。唐宋以来出现的折租，决非货币租（它与《资本论》所说货币租发生于农业最发达的地方的表述是不符合的。这也是教条主义的余波，是硬要把曾经出现于欧洲的一种情况套用在中国）。

再说对待史料问题的解放思想和实事求是：

在极左思潮盛行时，曾发生过"以论带史""理论挂帅"等等论调，并曾无的放矢地批判过"史料即史学"的论点（事实上从来没有人提出这样的论点）。这股风，目前好像已经不再有人鼓吹了，然而当前史学著作中的空疏浮夸之风还在盛行，从而在目前还不能说已经能给予历史资料以正确的对待了。怎样算作正确的对待？我想在此最好引用毛泽东的两项主张：

一个是：要广泛地占有史料；一个是：去粗取精，去伪存真，由此及彼，由表及里。

历史研究的第一道工序是搜集史料，搜集史料需要广泛，那就是，凡属与你所研究的课题有关的资料，不论是直接史料还是间接史料，都要穷搜无遗。这一道工序做不好，必然要影响到以后的各道工序，使之无法做好。但是，把与有关某一课题的资料搜集得真正达到了"穷尽"的程度，这也仍然只是一种最初级的工作，如对这些资料不加考辨，概予信从，那就成了冬烘先生，也就是我们所要防范的右。因此，在这道工序圆满地做成之后，还必须认真地从事于"去粗取精，去伪存真，由此及彼，由表及里"的工作。这是因为：

所谓"去粗取精"，是对史料进行比较和区别的工作。同是一件史事记载，却有详略不同、来源不同、含有写作者主观偏见与否、是直接史料还是间接史料等等的区分。善于对这等庞杂的史料做出比较和抉择取舍，是每一个史学工作者所必须具备的基本训练之一种。

所谓"去伪存真"，是因为我们旧有的历史记载，其作者都有时代局限、地域局限、阶级局限、民族和宗族关系以及个人思想感情上的某种倾斜和偏见，因而就不会有绝对真实、百分之百可信的历史记载，有的只有大部分可信，有的只有少部分可信，有的则纯出捏造，没有丝毫可信成分。这就需要史学工作者善于对史料做一些鉴别、考订和辨析的工作，而不能一味盲从，为前人所说的谎言再去做一番圆谎的工作。因而这种对史料的真伪进行鉴定、考订和辨析的工作，也是每一个史学工作者所必须具备的基本训练之一种。

所谓"由此及彼",则是要求知识面要广博,对于有关的交叉学科,应当尽可能多地通晓一些。这样,写出的文章才可以不至显得单薄。

所谓"由表及里",则是要求史学论著必须有深度,有新意,能使读者受到启发;切忌陈陈相因,重复前人已经说过无数次的一些话。

总括来说,在学习理论方面,我们必须从教条主义的束缚之下解脱出来,深透地了解马克思列宁主义的精神实质,结合中国历史的实际情况加以运用。如果置中国历史的实际情况于不顾,而把马克思解剖资本主义社会时所用的诸多名词术语搬来使用,这正暴露了我们的理论水平还停留在生搬硬套的低级阶段,还有待于大大提高。在对待史料的问题上,我们既不能把搜集史料、排比史料、罗列史料的工作加以排斥和忽视,也不能认为做完这道工序就已算尽了史学工作者的能事。必须还要具备一些最基本的史学训练,能对这些异说纷纭的庞杂史料加以比勘和考订,判明其精粗,辨析其真伪,并旁及一些分支学科和交叉学科,真正向着取精用宏的目标致力。这样才能撰作出"发前人之所未发"的、具有创见和新意的论著出来,对新中国文化的建设事业,才可以算做出了自己的贡献。

我仅提出自己的一些浅见,请诸位专家学者指正。

(见《宋史研究论文集》[1992年年会编刊],邓广铭、王云海等主编,河南大学出版社,1993年12月)

第二编 品书篇

《辛稼轩年谱》及《稼轩词疏证》总辨正

《稼轩年谱》（下简称《年谱》），现在行世者已有三种：最早出的，是附在《稼轩集钞存》中的，辛启泰所编撰的一种，作于清嘉庆年间（19世纪初年）。其次，是陈思先生所编撰的一种，发表在《东北丛镌》第七和第八两期中，时为民国十九年（1930）的七、八两月。其出版最晚，然而却未必是最晚作成的一种，是梁任公于民国十八年（1929）患病期内所编撰者，任公先生属稿未完，便病逝于医院中。在任公先生逝世后，这书未即付印，直到去年（1935），由林宰平先生出面编辑了《饮冰室合集》和《专集》，这部未完成的最后遗作，方得于今年在中华书局印了出来。

在辛氏和陈氏所编撰的两种《年谱》里边，对于事件的安排都有不少错误的地方，任公先生未及见陈氏的一种，则其重新编撰的用意是在于补辛氏旧谱之阙失。稼轩的文章，现在传世者已经绝少，也许自认对作诗一道非其所长，平素避之甚力，因而所作的诗亦无多,唯于词最为擅长,所作独多,雄伟豪放,给予后代的影响也最大。而要考见稼轩的性格及其为人等事,在今日的我们,便也只好向他的词集中去求得。但这里的首要工作,是必须先能将各词作成的年代的先后考求出来,然后其思想、其志趣,其处世接物的态度等方面的变迁,方能有清楚的脉络可寻。倘不如此,对于稼轩之所以为稼轩,便难得有真切的认识和理解。而在辛启泰所编的旧谱中,最大的缺点就正在他把这一问题疏忽了,对于稼轩词的系年的工作,全然没有做。任公先生的性情和怀抱,都和稼轩很相近,因而他对于稼轩的词,爱好最笃,体会最深,在还没有看到辛氏的旧谱以前,便已作过《稼轩词系年考略》一文,嗣后又见到《唐宋名贤百家词》中的《稼轩集》,发现其中最大特色在含有编年意味,于是即加以爬梳抉剔,一一为之推定或断定其作成的时日,欲借是而将稼轩的全面貌表现出来,烘托出来,而辛启泰旧谱中的错误和缺陷,也便可以因此而得所补正。

"所不朽者,垂万世名。孰谓公死,凛凛犹生。"这是宋宁宗庆元六年(1200)稼轩所作祭朱晦庵文中的几句,然而这几句竟成了任公先生的绝笔,事实上也就等于任公先生自己写就了挽词。这之后,稼轩还有六七年的寿命,在这年谱中便一概从阙了。

既然是在患病期间所撰写,而且自开始至停笔,为时仅仅一月(1928年9月10日至10月12日),中间犹有因病而搁笔的八九天（9月27日至10月5日），则实际上这年谱乃是于三周之内所写就的，一方面是病体的限制，一方面是时间的限制，对于参考书籍的翻检自不能周遍，因而这已经写起了的，也必然还是未定之稿，其中编次的错误，是还有不少不少的。单看各年的记事格中有多少"待考"的字样，便可知道任公先生为这年谱还替自己预定下了多少工作。在他逝世之后，继续这工作也便成了后死者的责任。

承担了这项责任而出现的，是任公先生的六弟仲策（启勋）先生作的《稼轩词疏证》（下简称《疏证》）一书。在各种版本的稼轩词集中，都缺乏注释和对于本事的考证，这《疏证》本算弥补了这项缺憾，而因其最为晚出，得以集稼轩词之大成，其中共收词623首，较之其他各本，这里的数量为最多。其编次方法，大体上也是依据任公先生所考订的结果，分别系属于各年之下。于每首之下，先录饮冰室校勘，次录饮冰室考证，又次则为仲策先生的案语。其间有因任公先生翻检未周，考证不甚正确者，则修正之；未备者，则补充之。以年为序，厘为6卷。自属稿至全书完成，为时共40日左右。

《疏证》中首载林宰平先生序文，对于仲策先生的这番工作，备极推崇，如谓：

> 仲策此作，可谓能继饮冰未竟之业；而补苴订正之功，尤不可没。惜乎饮冰之不及见也。

仲策所疏，如《感皇恩》滁州送范倅词，据《南宋文范》周孚《滁州奠枕楼记》，证明稼轩莅滁任在乾道八年。……《满庭芳》和洪景伯及游豫章东湖三词，引景伯词集《盘洲乐章》，证明在淳熙八年辛丑。《水龙吟》中甲辰岁寿韩南涧尚书，引《南宋文录》洪景卢所作《稼轩记》，证明淳熙十一年甲辰稼轩在湖南。《沁园春》带湖新居将成词，据景卢《稼轩记》及辛敬甫编《稼轩年谱》，证明带湖新居落成于淳熙十二年乙巳，并知移帅隆兴府乃在十二年。同调，送赵景明知县东归，引《历代诗馀》赵和章及邱宗卿和章，知淳熙十一年甲辰初冬，稼轩犹在湖南。又稼轩落职家居之年，《宋史》本传失载；辛敬甫旧谱，罢官在戊申；饮冰推定为丙午、丁未间；仲策根据《西河》送钱仲耕自江西漕移守婺州一首，有"对梅花更消一醉"句，知必在冬日。而乙巳冬之《菩萨蛮》，有"霜落潇湘白"之句，知乙巳犹在湖南。又据洪景卢《稼轩记》，证明稼轩乙巳在湖南，则江西送钱仲耕之作，必在丙午冬（饮冰以为乙巳作），是冬稼轩尚在江西安抚任，则落职必为丁未无疑。……书中创获类此者，多不胜举，读者当能详之。

又云：

仲策此作，大之足以补史传方志所不备，次之则稼轩生平志业，遭际，出处踪迹，俱略可悉。……读兹编恍然如与前人几砚相接，謦咳相通，其愉佚酣适、狂歌痛饮、慷慨郁勃不平，举可于词中遇之。循文抚迹，历历在目，若稼轩未尝舍我辈而去也者。乌乎，文字之为用岂不伟哉！

我们把这部《疏证》细读下去，有许多地方是可以和林先生发生同感的，但也有许多地方仍使我们觉得仲策先生翻检尚欠周到，考证尚欠正确，对于任公先生所遗留在《年谱》中的罅漏和错忽，仍未能尽其补苴订正之能事；而有时，在已经任公先生考证明确了的地方，《疏证》中反更弄错。林先生在序文中所誉为创获的若干点，都是与稼轩的出处遭际有莫大关系的，要明悉稼轩的身世，这几点正都是枢纽之所在，可惜在辛氏、陈氏以及任公先生所作的《年谱》中大都没有正确的考证，加以订补自是最为急需的，然而见之于《疏证》中的结论，却依然是并不正确的。即如被林先生誉为"创获"的诸点，我们仅就中摘引了八事，而在这八事之中，第一事不在我们的考查范围之内，其余数事，则凡《疏证》中所下的论断，几乎无一不大有问题。今依事件的先后，问题的性质，归纳为以下诸点，分别加以考查，以期对各问题求得一最后的定论。

一、稼轩帅湖南的年代及其为时之久暂

稼轩由湖北转运副使改湖南，寻知潭州，兼湖南安抚。《宋史》中记载此事并未标明年月。但在稼轩的词集中，有《水调

歌头》一首，题中有"淳熙己亥，自湖北漕移湖南，周总领、王漕、赵守置酒南楼，席上留别"诸语；又有《摸鱼儿》一首，题中亦有"淳熙己亥，自湖北漕移湖南，同官王正之置酒小山亭"诸语：则其事在淳熙六年毫无可疑。在三种《年谱》当中，也全将此事系于此年之下。而在陈氏谱中，且还根据《水调歌头》中之"序兰亭"和《摸鱼儿》中之"匆匆春又归去"两语，定其离武昌上潇湘之时间为三月，当亦无可置疑。

《宋史》中之所谓"改湖南"，是说由湖北转运副使改而为湖南的，其知潭州和兼任湖南安抚乃是以后的事，辛启泰谱中以为至湘之初即知潭州并兼湖南安抚，不无小误。陈谱根据《续资治通鉴》中淳熙六年六月丙戌孝宗褒奖湖南帅王佐的话，以及八月壬辰孝宗所付稼轩"手诏"中"今已除卿帅湖南"的话，推定稼轩之兼帅即在淳熙六年七八月间，梁氏谱中，根据《朝野杂记》（下简称《杂记》）"淳熙七年春有人疏论湖南乡社，下安抚司议，帅臣辛某覆奏云云"的话，亦推定其帅潭必在六年，并谓"殆因盗势猖獗，朝廷不得不用将才也"。考证都算精确。

稼轩在湖南帅任，共有多少岁月呢？对于此事，在《宋史》和稼轩的文章中都没有明白的记事可据，于是在这三种《年谱》中便各执一说了。

辛启泰谱于淳熙十二年下写道："先生年四十六，帅湖南。尝度马殷故垒，起盖砦栅，至是告成，绘图缴进，上始尽释前疑,加右文殿修撰,差知隆兴,兼江西安抚使。"于十三年下书云:"先生年四十七,赴江西安抚任。"这是以为稼轩之在湖南帅任,是从淳熙六年春直到十二年的年尾的。

陈谱中在淳熙九年下书:"帅湖南。——飞虎军成,加右文殿修撰,再任。"于十年下书云:"任湖南帅。……差知隆兴府,兼江西安抚。"下附考证云:"按先生于淳熙六年八月自湖南漕帅湖南。八年飞虎军成,加右文殿修撰,再任。本年八月再任期满,差知隆兴府兼江西安抚。造朝拜'御书阁额'之赐。……赴江西任当在本年冬间。"于十一年下即书"知隆兴府兼江西安抚",并书"辛启泰谱谓本年帅湖南,误"。这是说稼轩之帅湖南,只到淳熙十年为止,较旧谱中减少了两年。

梁谱中则以为稼轩之加右文殿修撰及差知隆兴府兼江西安抚,乃在淳熙十一年甲辰,其考证云:

> 本传未言移帅江西在何年,知必在本年者,《朝野杂记》于《殿前司摧锋军》条下称"淳熙七年辛幼安为潭帅,募八千人训练之。其冬赐名。十年夏,改隶御前江陵军,明年,赵卫公为帅,奏乞移其军屯江陵……"可知先生以十一年罢潭帅,其来代者则赵卫公也。惟交代在何月则无可考耳。计先生自淳熙六年春夏间由湖南漕使转任帅职,至是已满五年,生平所历官,以此次为最久任,而被谤亦最重,谢叠山所谓"中年被劾一十六章"者,什九当在此时期。先生有《别湖南部曲诗》云"愧我明珠成薏苡,负

> 君赤手缚於菟",似仍属以谗罢职,殆孝宗鉴其孤忠,特量移他路以塞言者之口耳。

照这样说,则辛氏之离去湖南帅任是在淳熙十一年中间,较辛说提早一年,较陈说则又展迟一年。

《疏证》中不同意任公此说,于题为《带湖新居将成》之《沁园春》一词下,附有案语云:

> 伯兄谓此词为淳熙十年癸卯作,盖未得见洪迈记文之故,据此文知先生之带湖新居乃落成于淳熙十二年乙巳。……此文虽未署年月,但查辛敬甫所编先生《年谱》淳熙十二年乙巳之记事,谓先生是岁帅湖南,加右文殿修撰,差知隆兴,兼江西安抚使,与洪迈记文结语正相同,可知带湖新居乃落成于乙巳也。伯兄以为移帅隆兴在十一年甲辰,读景卢此文,知旧谱不误。

又于《送赵景明知县东归再用前韵》一词下,附有案语云:"题云送东归,及首句之'伫立潇湘',亦可证淳熙十一年甲辰,即带湖新居落成之前一年,先生犹在湖南也",并因丘宗卿之和词,而断定"是年秋尽冬初先生犹在湖南"。

三说当中唯有辛谱所举佐证最少,而《疏证》中竟代为补了出来,则三说似都已"持之有故"了,而不幸各人所举的证据都还可以有另外的解释,因而三说之中竟无一说能够符实。陈谱中淳熙九年的"再任"和十年的"再任期满"等说,乃是臆揣之辞，并无出典，难作根据。梁氏所引《杂记》的文字，却恰恰可以推翻他自己所作的结论。

查《杂记》所说"明年赵卫公为帅"之赵卫公，乃指赵雄，但在《宋史·赵雄传》中，却只见他曾任湖北帅而没有帅湖南的事。又《杂记》中之所谓明年，系指淳熙十一年而言，而淳熙十一年赵雄即恰正在湖北帅任。证据凡二：

第一项证据即在《杂记》当中，且与任公先生所引的一段在同一卷内。《杂记》甲集卷一八，《荆鄂义勇民兵》条下云：

> 淳熙初，张钦夫为帅，益修其政。……钦夫殁，教阅遂弛。后四年，赵温叔为帅，复举行之。……时十一年冬矣。

第二项证据，在《叶水心文集》卷九的《江陵府修城记》中：

> 丞相卫国赵公……莅荆六年……天子迁赵公金紫光禄大夫以宠褒之……去江陵而判其乡资州。

叶氏此记作于绍熙元年八月，上推六年亦正在淳熙十一年。此均可证知赵氏之帅湖北乃始于淳熙十一年。据叶文更可知道，赵氏之在湖北帅任，是一直继续到绍熙初元的。

到此，我们当可知道，梁谱所引《杂记》的文字，只有开头的"淳熙七年辛幼安为潭帅，募八千人训练之"两句是与稼轩有关的，其下的"改隶""移屯"诸事，与稼轩无干，且亦与湖南帅无干。如以此即推定赵氏为代稼轩之人,并推定赵氏赴任即稼轩去任之时,自属大错。

《疏证》中承认辛谱中淳熙十三年离湖南帅任之说,并代替辛谱补充了许多证据,宜若可信了,实际上却是错得更远。在《疏证》的本身,我们也能够找出反驳的证据来:

《疏证》卷一中有《满庭芳》三首,一为《和洪丞相景伯韵》,一为《和洪丞相景伯韵呈景卢内翰》,一为《游豫章东湖再用韵》。在梁谱中以为这三词"决为淳熙丁酉(四年)作",其所持的理由是:

> 盖其时景卢在豫章,已有《满江红》词可证……二洪告归后常相合并,而景伯卒于淳熙十一年甲辰二月,虽距本年尚有七年,然先生自本年冬离江西赴行在,即转任湖北、湖南,乙未冬乃得归,而景伯已前卒。故除本年以外更无与景伯酬唱之机会也。

《疏证》中照录这段考证之后,又另加案语云:

> 景伯有词集名《盘洲乐章》,其眉韵《满庭芳》题曰《辛丑春日作》:"华发苍颜,年年更变……"原唱在淳熙八年辛丑,则先生和韵必非淳熙四年丁酉可知。和韵二首自是同时作。

这是订正任公先生前面的那段话的,但这些唱和的词既是诗人互相过从时所作,若认定是作于淳熙八年,则势必先有一个前提,即当淳熙八年,洪氏兄弟退居豫章之时,稼轩也正在豫章。否则,既尚任湖南帅,必难再分身到千里外和洪氏兄弟去酬酢。然而这与"淳熙十三年离湖南帅任"之说岂不自相矛盾了吗?大概梁仲策自己也早已感觉到这矛盾了,所以在《疏证》中的其他处所,于考求稼轩的官历及行踪时候,均未一加征引。而其实,这考证是非常精确、应该加以充分利用的。我的意思也就是说,在淳熙八年,稼轩是的确已经回到江西了。而其离开湖南帅任的时间,则更早于此时,至晚当不出淳熙七年的冬季。

查杨万里的《诚斋集》卷一二五《宋故华文阁直学士赠特进程公墓志铭》中有云:

> 公姓程,讳叔达,字元诚……(淳熙)七年五月除湖南转运副使,帅刘焞久病废事,民方怨咨,公为辨讼决囚,涤滞除弊。

从此我们知道,在淳熙七年五月后的某一时期之内,刘焞是曾做过一任湖南帅的。

又查《朱文公文集》卷九四《敷文阁直学士李公墓志铭》有云:

> 公讳椿,字寿翁……年六十九即上章请老……越再岁……复起公以显谟阁待制知潭州、荆湖南路安抚使……飞虎军新立,或以为非便,公曰:"长沙一都会……二十年间大盗三起,何可无一军?且已费县官缗钱四十二万,民财力

不可计,何可废耶,亦在驭之而已。"异论乃息。……未满岁,复告归。……淳熙十年十一月旦日薨,享年七十有三。

由六十九而越再岁,当为七十一,淳熙十年为七十三,则其七十一岁,即起任湖南帅时,正为淳熙八年。从此又可知道,李氏之任帅必在刘焞之后,而刘焞之去任当即在淳熙八年。

又查北京大学文科研究所中所藏广西临桂龙隐岩题刻中,有刘焞于庚子(淳熙七年)六月初伏偕其同僚共饮弹丸新岩下之题名一份,又可知刘氏其时尚在静江府任,其改帅湖南又必在七年六月以后。

综上所云,则刘焞任湖南帅之时期,必在淳熙七、八两年中,其必为稼轩的继任人,毫无可疑,如是则稼轩之离湖南帅任又焉得而不在淳熙七年秋冬之际?

二、稼轩帅江西的年代及其为时之久暂

《宋史》稼轩本传,于叙述其在湖南帅任的治绩之后,即继叙"加右文殿修撰,差知隆兴府,兼江西安抚"。各谱中对此均无异词,可知稼轩于离湖南后即径赴江西帅任(陈谱于此间夹叙造朝谢赐阁额一事,纯系诬词,因此诗乃黄公度献媚秦桧之作,已收入《知稼翁集》,辛启泰竟又误收于《稼轩集钞存》中,陈氏则又以讹传讹也)。既于上文考知其去湖南当在淳熙七年秋冬之间,其赴江西任即应在此时。但《续通鉴》于是年

十一月犹载知隆兴府张子颜奏言云云，是其时稼轩必尚未抵任，但据上文提及的与洪景伯、景卢兄弟唱和以及游豫章东湖的《满庭芳》词三首，则无论如何，八年春间即已在江西帅任矣。

和在湖南帅任一样，稼轩之任江西帅也没有很久，即因被人弹劾而落职罢任，各谱中既将帅湖南的时间各都延长了三五年，对其赴江西帅任和去江西帅任的时间自然也就全无正确的推算了。辛谱系其事于淳熙十五年戊申，所据为稼轩《沁园春》一词题中的《戊申奏邸忽腾报谓余以病挂冠》及《离豫章别司马汉章大监》的《鹧鸪天》中"二年历遍楚山川"诸语，其为误谬，梁谱中已加辩驳。陈谱系其事于淳熙十二年乙巳，并未举出证据，只因《鹧鸪天》中的"萦绿带，点青钱。东湖春水碧连天"诸语而定其季节为春天。梁谱亦系其事于十二年，却根据"和韩南涧"并"寿韩南涧"的《水龙吟》及《菩萨蛮》诸词，而定其季节当在秋冬之间。我们既已将稼轩赴江西帅任的年代较各谱均提前了三五年，则各谱中所推定的去职年代及所举各证，便全都失去了效力，今仅举一二例稍加驳正，并将正面的证据提出，以证明稼轩之离任确在何时。

稼轩有《送钱仲耕自江西漕移守婺州》的《西河》词一首，梁谱中认定该词是在江西任内所作，而不能确指其年份，即附列于淳熙十二年乙巳所作诸词之后。《疏证》中列此词于十三年丙午，并于词后附加案语云：

> 伯兄亦以此词为乙巳作,但据洪迈之《稼轩记》,知乙巳先生犹在湖南。又据先生乙巳冬之《菩萨蛮》,有"霜落潇湘白"之句,可证乙巳冬犹在湖南。此词作于江西,而有"对梅花更消一醉"及"岁晚渊明归来未"之句,其必为丙午冬无疑矣,因移于此。

既知"乙巳犹在湖南"诸说之如何远于事实,则此段话当无须深辨。按题中之钱仲耕,名佃,苏州常熟人,据《金华府志》,钱氏于淳熙八年知婺州,《(道光)苏州府志》更详记其知婺州前后的事迹云:

> 出为江西路转运副使,时盗赖文正起武陵,朝廷调兵讨之,佃馈饷不乏。继使福建,再使江西,奏蠲诸路之逋。淳熙八年,婺州饥,且缺守,上曰:"钱佃可守郡。"既至,祷雨,须发为白,劝分移粟,所活口七十余万。政甲一路。提举朱仲晦与陈亮书云:"婺人得钱守,比之他郡事体殊不同。"

案,此中所引朱熹写与陈亮的信,乃是写于淳熙九年者,是年夏秋间陈亮给朱子的信中也同样提及钱氏:

> 钱守虽有爱民之心,而把事稍迟。

此均可证明《金华府志》和《苏州府志》中所载钱氏于淳熙八年知婺州的话为不误。那么稼轩送钱氏知婺州的《西河》一词,亦必是作于淳熙八年可知。词末有"对梅花更消一醉"语,《疏证》据以推定为冬日所作自甚确。其下既复有"过吾庐,定有幽人相问:岁晚渊明归来未"之句,知直至是年岁晚稼轩仍居官豫章,犹未因言者而去职也。

查吕祖谦的《东莱吕太史文集》的"附录"中附有辛稼轩的《祭吕东莱文》,文前的小序中稼轩所标举之时日及所系之官职均极明确,今照录于下:

> 维淳熙八年岁次辛丑,十一月癸酉朔,初二日甲戌,奉议郎充右文殿修撰、知隆兴军府事、兼管内劝农营田事、主管江南西路安抚司公事、马步军都总管辛弃疾,谨以清酌庶羞之奠致祭于近故宫使直阁大著吕公之灵。

在祭文的最后部分的几句则是:

> 弃疾半世倾风,同朝托契……兹物论之共悼,宁有怀于私惠。缄忱辞于千里,寓哀情于一酹。

这里可以明确证明,直到这年的十一月,辛弃疾还是在江西安抚任上的。与上引"岁晚"云云的词句也正相符。

然而,就在不久之后,罢官归去的事情便真的发生了。

杨万里撰《特进程公叔达墓志铭》中,于叙述程氏在湖南的事迹之后,又有云:

> 〔淳熙〕九年七月,再除浙西提点刑狱……八月,除秘阁修撰,知隆兴府。见上,极论郴桂盗贼之由,抚御之要……洎至洪……十二月,进集英殿修撰,因任……帅洪

五年，前后蠲除民赋……谈者以为多于王仲舒云。(《诚斋集》卷一二五)

据此，则自淳熙九年八月直至淳熙十四年，均为程叔达帅江西之任期，稼轩之被代与去职，至晚也当不出九年的中秋。在这里，又须把辛、陈、梁诸谱及《疏证》中所都曾引用过的《离豫章别司马汉章大监》的《鹧鸪天》词，再取来作一番讨论了：

> 聚散匆匆不偶然，二年历遍楚山川。但将痛饮酬风月，莫放离歌入管弦。　萦绿带，点青钱。东湖春水碧连天。明朝放我东归去，后夜相思月满船。

辛谱中以为稼轩于十五年罢江西帅，因此将此词编入十五年戊申；梁谱以辛谱为误，遂把它改编入淳熙四年丁酉；《疏证》中又举出反证二事，以为淳熙四年稼轩之离豫章乃西行而非东下，迁调而非放归，且其时带湖新居未成，去无所归，均与"明朝放我东归去"一句不相合，因而仍将该词移在十五年戊申。这些纷纭议论，其实是无一不错的。

今案，词中所谓"二年历遍楚山川"者，盖指淳熙三年由江西提刑调京西转运判官，翌年又由京西差知江陵府兼湖北安抚，不逾年即又改帅江西而言也。"萦绿带，点青钱。东湖春水碧连天"者，均状述目前之景物，知其离别豫章之时令必然是在春季，而不是其他季节，则显然与第二次帅江西罢任之季节不合,因而它只能是淳熙五年(1178)由江西帅召为大理少卿时所作,固不必在此多所纠缠也。

(补记:当写作此文时,《宋会要辑稿》的影印本尚未出版,在此文发表后不久,我即从该书之《职官·黜降官门》查得一条云:"淳熙八年十二月二日,右文殿修撰、新任两浙西路提点刑狱公事辛弃疾落职罢新任。"据此可知其罢江西帅任盖即在八年十一月内,我引用杨万里撰《特进程公叔达墓志铭》而推定为在九年中秋节前亦不合。1986年9月读后记)

三、带湖新居落成的时间

当稼轩还没有罢官之前,他先已在当时的江南东路上饶县建造了一所居第。在稼轩词集中,有许多首都是与此事有关的:有的作于新居未成之前,有的则作于既成之后。如不能将这一新居落成的年代考清,稼轩的许多事迹便将连带地考不清楚。而辛谱中对此事竟无只字道及,陈谱、梁谱及《疏证》当中,对此事又各异其说,而结果却又一无可取。

陈谱于淳熙八、九、十这三年中均记此事:于八年下录本传"尝谓人生在勤,当以力田为先……故以稼名轩"诸语,及洪迈《稼轩记》、陈亮与稼轩书"如闻作室甚宏丽,传到《上梁文》,可想而知也。见元晦说潜入去看,以为耳目所未曾睹,此老言必不妄"诸语,并据《续通鉴》淳熙八年八月改除朱熹提举浙东常平茶盐之记事,以为朱子潜入看稼轩新居必在自南康赴行在时。于九年下记稼轩有《沁园春》"带湖新居将成"词。于十年下记淳熙造朝拜御书阁额之赐,并谓"时带湖新居落成,所以御赐阁额"。

既说朱子已于淳熙八年潜入去看,且将洪氏所作《稼轩记》也列于八年之下,而于九年方列入稼轩之带湖新居将成词,于十年方谓"时带湖新居落成",那么,这新居究竟是成于哪一年呢?且洪文末尾明有"……侯名弃疾,今以右文殿修撰再安抚江南西路云"诸语,谱中既将稼轩之帅江西列作十一年之事,则其事安得先预言于洪氏八年所作之文章内?二说显相抵牾。(其"造朝拜御书阁额之赐"云云,更属张冠李戴的诬枉之辞,上节已予辨正。)

梁谱亦将带湖新居将成词及《新居上梁文》编入淳熙十年,盖因任公先生未及见洪氏《稼轩记》之全文,便只将见于《上饶县志》所引的一节,一并录于十年之下,并于《考证》中证明此数者均是作于稼轩未离湖南以前者。

此说之为《疏证》所订正,已见前引,《疏证》作者因已见到洪景卢氏记文之全,因其结语与辛谱淳熙十二年乙巳之记事正相同,乃维护辛谱之说,并谓"据此文知先生之带湖新居乃落成于淳熙十二年乙巳,则所谓将成者,其必为十一年甲辰无疑矣"。

案，洪氏的记文，的确是考证带湖新居的规模及其建造时期的绝好材料，从这篇记文的本身，或以稼轩的词与这篇记文合看，便可以考知其作成的年代；实无须借重于辛谱，因辛谱本身已多有不可靠处，哪有被取作旁证的资格？

记文之末段有云：

> 若余者伥伥一世间，不能为人轩轾，乃当夫须祓襫，醉眠牛背，与菭童牧竖肩相摩，幸未黎老时，及见侯展大功名，锦衣来归，竟厦屋潭潭之乐，将荷笠棹舟，风乎玉溪之上，因围隶内谒曰："是尝有力于稼轩者。"侯当辍食迎门，曲席而坐，握手一笑，拂壁间石细读之，庶不为生客。侯名弃疾，今以右文殿修撰再安抚江南西路云。

这可见此文之作必在洪氏闲居乡里之时。查洪氏于淳熙七年秋自建宁任归，至十一年春方起知婺州，是后又供职临安等地，至绍熙二年方重归鄱阳，则此文之作必在淳熙七年秋季之后，十一年春季之前。但稼轩之任江西安抚既考知其为七年冬至九年中之事，则据文中最末一语可知其必作于八年为无疑。但作于八年的什么季节呢？如果将稼轩词与洪氏记文相参看，对这问题我们也可找到解答的。

稼轩的《和洪丞相景伯韵》《和洪丞相景伯韵呈景卢内翰》和《游豫章东湖再用韵》的《满庭芳》词三首，《疏证》中引用洪景伯《盘洲乐章》中的原唱，定为淳熙八年辛丑春日所作。

在前边我们已说明这考证是非常精确的,可惜《疏证》中未能使此数词充分发挥其作用。就在《游豫章东湖再用韵》一首中,有稼轩自加的注语二处:前阕的末句"挥毫罢,天颜有喜,催赐尚方彝",其下注云:"公在词掖,尝拜尚方宝彝之赐。"后阕是:"只今江海上,钧天梦觉,清泪如丝。算除非,痛把酒疗花治。明日五湖佳兴,扁舟去、一笑谁知。溪堂好,且拚一醉,倚杖读韩碑。"其下注云:"堂记公所制。"从上一注语,我们知道其所称之"公"乃是指"洪景卢内翰"而言,从下阕的词意,我们知道这是在洪景卢的《稼轩记》已经作成之后,所以稼轩想象着一旦罢官归去之后要倚杖欣赏洪氏的大作,则所谓"堂记"者即必是指《稼轩记》无疑。从知记文之作成必在淳熙八年岁首,稼轩刚刚抵江西帅任的时候。

既是如此,则稼轩的《新居上梁文》和《带湖新居将成》诸词之作成,以及这带湖新居的落成之年,便都可推定其为此时之稍前或稍后的事。朱熹于是年八月自南康赴行在,路经上饶时候,已在部分新居落成之后,当能潜入去看了。

四、稼轩起任闽宪及闽帅的年代及其为时之久暂

《宋史》稼轩本传中,于稼轩罢江西帅任之后,复书:

> 久之,主管冲佑观。绍熙二年起福建提点刑狱。召见,迁大理少卿,加集英殿修撰,知福州,兼福建安抚使。弃

疾为宪时尝摄帅……台臣王蔺劾其"用钱如泥沙，杀人如草芥，旦夕望端坐闽王殿"，遂丐祠归。

对于稼轩之起任闽宪，这里是明指为绍熙二年的事，然而与稼轩的词对看，两者又有不符合处。词中有《浣溪沙》一首，题为"壬子春，赴闽宪，别瓢泉"。壬子为绍熙三年，非二年。因为有这样的出入，在辛谱和《疏证》中，便又都发生了问题。辛谱于绍熙二年辛亥下书云："起为福建提点刑狱官，召见，迁大理少卿，加集英殿修撰，出知福州，兼福建安抚使。"于三年壬子下书："是年春赴闽帅任，别瓢泉，赋《浣溪沙》词。又是年三山被召，陈端仁给事饮饯席上，赋《水调歌头》词。"于四年癸丑下书云："在闽帅任，又是年正月四日三山被召，经从建安，席上和陈安行舍人韵《西江月》词。"于五年甲寅下书云："在闽帅任，以台臣弹劾，丐祠归。"这是维持《宋史》中二年任闽宪之说，以为二年由闽宪被召见之后，于三年又出为闽帅，其"别瓢泉"之词即是时所作，于三年内且又有召见之事。

然而词题中明明说是"赴闽宪"，不应强改宪字为帅字以相牵合。

陈谱中于二年书"起福建提点刑狱"，于三年书"春，赴闽宪，别瓢泉"，于四年书"召见，迁大理少卿，加集英殿修撰，知福州，兼福建安抚使"。梁谱与陈谱均同，惟各年下均附有考证。二年下之考证云："起任闽宪盖在本年冬，其赴任则在次年,有《浣溪沙》词题可证,本年盖始终仍家居也。"三年下之考证云:"以闽宪摄闽帅,当是本年事。"四年下之考证云:"旧谱皆以任闽宪与任闽帅合在一年,考先生在宪任上虽尝摄帅,并未真除。传文于起福建提点刑狱后,次叙召见授京职,次乃叙知福州兼福建安抚使,明非一时事。奉召在壬子,入见在癸丑春,词题中时日可稽,故知帅闽决为本年事也。"五年下之考证云:"乞祠归在何年,史无明文,惟闽中所作词颇多,且多有可推定为去年作者,则截至去年腊尽尚未去任可知。窃疑其乞祠得请当在夏间。试将左列《行香子》一词以意逆志,所推或当不谬……"

《疏证》中于此独持异词,其在《常山道中即事》之《浣溪沙》词下所附案语云:

> 《宋史》绍熙二年二月甲申,以辛弃疾为福建安抚使,召见。常山乃浙江衢州府属,与江西接邻,是年先生居上饶,若召见赴行在,必道出常山,舍此而外,先生似无缘在常山道中也。姑以系于二年辛亥。

> 伯兄谓"起任闽宪在二年冬,赴任则在三年",盖本传只言二年起用而无月日,唯《宋史》及《续通鉴》则详书二年二月甲申(即初五日),伯兄殆但据本传推测而未查史鉴也。唯二年春以召起用,三年春乃赴任,亦大奇。然而瓢泉一阕《浣溪沙》,先生固明明自书《壬子春赴闽宪》也。常山道中词若果为赴行在之道中作,则当在夏秋之间,

> 盖篇中所书皆夏秋间景物也。如此，则二年春以诏起用，夏秋间赴临安陛见，明春乃赴闽任，故此词当是辛亥作。

这案语中的要点是：1. 稼轩之起用，是绍熙二年二月甲申。2. 其官职自始即是福建安抚使，非先任提点刑狱。3. 其赴召陛见，事在绍熙二年夏秋间，陛见后方于三年春赴任。4. 根据在"壬子春赴闽宪别瓢泉"词下之案语，还可补一要点于此，即稼轩之帅闽乃是继赵汝愚之后任者。

又，《疏证》于"壬子，三山被召，陈端仁给事饮饯席上作"之《水调歌头》词下，加有案语云：

> 《宋史》载先生为福建安抚未期岁而治绩大著，乃台臣劾其"用钱如泥沙，杀人如草芥"，遂乞祠归，是以此词颇多幽愤语。

又于"癸丑正月四日，三山被召，经从建安，席上和陈安行舍人韵"之《西江月》词下，加有案语云：

> 陈安行名居仁，庆化人。庆元元年以宝文阁待制知福州，即接先生后任者。

把这几段考证的话合拢来看，我们颇觉得不胜离奇：第一，所谓"二年二月甲申，以辛弃疾为福建安抚使，召见"之说，《宋史》中根本无此记载；《续通鉴》虽有此文，然亦无"召见"二字。第二，《续通鉴》于三年九月壬子，又记有"以知福州赵汝愚为吏部尚书"一事，《疏证》既认定稼轩为继汝愚后任者,则《续通鉴》二年二月中关于稼轩的记载显系有误,何得取以为证?第三,见于稼轩之词题中者明明是"壬子春赴闽宪",何能以为是赴闽帅任?第四,"三山被召"与因被人弹劾而乞休,显系两事,何得并为一谈?第五,若以为被召之后即继以退废,则迁大理少卿加集英殿修撰诸事置于何所?第六,既已将"三山被召"与被劾乞归合为一事,则绍熙三年既已离职,何得将庆元元年知福州之陈居仁认为"接稼轩之后任者"?凡此种种,不但与任何史志都有不合,即在案语本身,前后便已不胜其矛盾了。

《宋史·光宗纪》云:

> 二年二月甲申,福建安抚使赵汝愚等,以盗发所部,与守臣、监司各降秩一等,县令追停。……三月丙寅,诏福建提点刑狱陈公亮、知漳州朱熹同措置漳、泉、汀三州经界。

《续通鉴》所以将稼轩之帅福建定为绍熙二年者,必是因这段文字而弄错,把"降秩"误会为"罢任",遂以稼轩即于此时受诏前往继任了。《疏证》的作者也误将《续通鉴》此文认作信史,遂乃大上其当。据《本纪》中三月丙寅的记事,知稼轩之起任闽宪,也绝非这年二月间事,且也未必即是直接代陈公亮之任者。因此,对于任公先生的考证,我们觉得大致是没有错误的,即使稼轩拜命于二年辛亥的任何月中,其赴任则确在壬子年的春天。及岁暮被召,奉命即行,途中度岁,于正月四日道经建安，均有《浣溪沙》及《西江月》等词题可证。在临安一度为朝官之后，方又于四年出任闽帅。其节次与《宋史》《福建通志》以及由词中可以考见之稼轩事迹全无不合。

稼轩之出任闽帅，以楼钥《攻媿集》中之制词与《福建通志》参看，知系接郑侨之后任者，时为四年八月。至翌年八月便又被詹体仁所代，任期整整一年。

除上文所考辨的各问题之外，其为各《年谱》及《疏证》中所错安排了的事件还非常之多，但以上诸点要均是纲领或关键所在，理清了这几点，其他的问题便有很多可以附带解决了，因不于此一一论列。

但即单就上所列举的诸端看来，各《年谱》以及《疏证》当中，竟然包括了这样多的严重错误，尤其是《疏证》一书，其作者虽借口要完成任公先生的遗志，然而具有多少复杂问题的稼轩词，《疏证》的工作竟于40日内草草了事，其中有多少可以明白考知的本事，《疏证》中都错得一塌糊涂，如《木兰花慢·席上送张仲固帅兴元》一词，既不能查知张仲固名叫张坚；又不能查知张仲固于淳熙七、八年间任江西转运判官，与稼轩为同年居官豫章之人；更不能查知张仲固之帅兴元即是淳熙八、九年间事；而却任意强解，于此词下竟附了几百字的长篇案语，而结果却无一语道着肯綮。其他如将《渔家傲·为余伯熙察院寿》词中之余伯熙臆断为徐元杰，而不知徐元杰乃绍定间进士。对《满江红·送徐抚干衡仲之官三山》题中帅闽之马会叔，不能查知其名叫马大同，便不能查知其帅闽乃淳熙十六年事，而列其词于十五年戊申。诸如此类，多不胜举。这些，对于后来有志研究稼轩生平或其诗词的人，所能给予的助力未免太少，而所能贻害之处怕又不免太多了。因此，对《疏证》这一著作，如果我们不能说"有不如无"，那么，至少也还是等于没有作的。今后要研究辛稼轩及其词的人，一切还都得另作一过。

重新写一本可靠的《稼轩年谱》，重新编一部详明正确的《稼轩词疏证》，在现在，是需要的。

1936年冬写于北京大学图书馆

（原载《国闻周报》第14卷第7期，1937年2月）

评《中国文学珍本丛书》第一辑

影印或排印古书，成了今日中国书业中最投机因而也最风行的事业，对于这种流行病似的不健全的风气，已有不少人批评过，现在所要说的，只是在这种风气之下所发生的事件之一，是近今又正在叫卖中的《中国文学珍本丛书》第一辑。

这丛书的全部将要包括些什么东西，现在既还没有整个的书目发表，我们自无从得知。单就第一辑说，则是偏重于晚明公安竟陵两派中诸作家的诗文和杂记，另外则更上及于元人的杂剧、宋人的词及评话、唐人的传奇等等。其辑印的目的虽说是在"校印罕有流传之中国古文学名著"，而其中的大部分却实在是些并不难得的东西，因而这次的辑印，如果说是有其意义的话，则其意义应只在印行久因查禁而罕传之公安竟陵诸家作品一点上。

公安的三袁和竟陵的钟谭诸人，在明代伪古气焰的笼罩之下，独能异军突起，与李卓吾等遥相应和，真可说是给晚明污浊的文坛注射了一针清血剂，而不幸他们的著述到清代一齐入了禁网，四库馆臣更推排之不遗余力。直到近年来经周启明先生力加表彰，以为中国新文学运动的本源，应该上溯到他们身上，于是寂寞了二三百年的他们方又重新被人注意，其作品乃又大为一般人所激赏，其风响所及，文人则借谈说中郎而自夸风雅，书贾则借标点或翻印中郎的书而投机渔利。其搜罗较富，规模较大，看来也令人真觉得像煞有介事者，则当推以"商人也亦学人也"的张静庐和施蛰存等人所辑印的这部《中国文学珍本丛书》。单是提倡而不能使愿读者都能得到他们的书籍去读，则周先生的提倡也还算未曾毕事，而今次的辑印也便可说是代周先生分任了他所应做而未做的工作，使读书界得到莫大的方便，这自然很可感激。无奈，就现在他们已经校点印行的几种看来，他们却是绝无能力去做这件事，而竟又贸贸然如此做者，表面虽亦似与周先生同一以表彰为目的，而其实却又大有不同者在。于此我可以借用一个比喻来讲：周先生的表彰是以之作为"逍遥游"，而施、阿、张诸人的校点辑印则是以之作为"养生主"了。更可惜他们毕竟是商人气氛多而学人气氛少，对于读校古书并不当行，勉强作来遂乃不能自掩其丑。无征不信，且分几项来说：

一、计划之草率

为了销路的竞争，书籍之印行自以愈快愈好，但欲其印行之快，则在事前应先有充分之准备工作，而这《中国文学珍本丛书》，则在已经发售预约之时，对内容之性质，卷帙之多寡，尚均无一定之标准。因而所收之书，在前后所公布的两次书目中，面目便已大异，计第一次所公布的书目共为 50 种，而《宋六十家词》则因分作 4 集而列为 4 种，《元人杂剧》则因分作 8 集而列为 8 种，若将二者各作一种计算则仅恰恰 40 种；但至第二次的书目，则此 40 种中竟更易至三分之一以上。首次所有之《太霞新奏》《太平乐府》《警世通言》《北宋三遂平妖传》《全相平话三国志》《唐五代词》《禅真逸史》《陶庵梦忆》《西湖梦寻》《顾氏文房小说》《唐诗纪事》《词林纪事》《唱经堂才子全稿》《南北朝文归》等，在第二次全被取消，而代之以《琅嬛文集》《李氏焚书》《檀园集》《名媛诗选翠楼集》《古文品外录》《王季重十种》《豆棚闲话》《玉尘新谭》《华阳散稿》等。《宋六十家词》且改为 6 集而列作 6 种。其更易的借口虽为前 14 种坊间易见而后 9 种则流传较罕，但若确系如此，则在发售预约之前，前 14 种之流传果尚未至坊间，而后 9 种之流传果尚未至"较罕"之时耶？

事实是欲掩弥彰的。第一次的书目盖因欲与《世界文库》作销路上的争夺，故即仓促拟定，欲以克期出版的《金瓶梅词话》对《世界文库》予以先发制人之打击，而实则对于晚明诸派以及宋元文学诸作品之何者罕传何者足珍，固本无确然之知见也。迨书目宣布之后方奔走东西，骎突南北，以乞求专家之教益，方恍然于前此之所谓珍，所谓罕者，实乃囿于自身见闻之陋而然，另外或还有未曾接洽过的版权问题至书目公布后而亦一并发生，于是第二次之书目乃不得不一改旧观矣。

二、选本之不当

古代书籍的是否足珍，并不全依其流传之广罕以为定。其流传不广者或即正在其本无价值因而便归于天然或人为之淘汰所致。是则不得借口于此而将所有罕传之书一并收入《中国文学珍本丛书》之内，而其既非罕传，而又本无若何珍贵之条件者，自更不待论。但这《中国文学珍本丛书》第一辑中，却将《西青散记》《华阳散稿》《柳亭诗话》等全行列入，而对《柳亭诗话》且谓"不为及早流传，后之人将不可得见其书"，这倘不是故意说来欺人的，便未免浅陋得太可怜了。

对于书籍选择之不当且不深论。其已经入选的书，据已出的几种看来，也多不能依据一最完善的刻本去排校，即如《柳亭诗话》，除康熙年天茁园刻本之外，通行的尚有光绪间宋元泽的校刊本甚完整，即康熙年的刻本，在今并不残破者也还有，即容有漶漫模糊之处，自当取光绪间的刊本以资雠对，而今次之所谓珍本者，却只找了一部残损了的天茁园本而置别本于不顾，遇到残缺处所则以×××填入了事，如卷首罗坤序文中之一段，在新印本中为：

> 今岸舫自三代以迄今兹，凡涉于诗句，诗联，诗之格律，诗之长短，本末名物家数，罔不兼收毕举。而一字半语，具有根据正讹辟谬，×益无穷，如入璚圃珠渊，琳琅参错，取之不×，×之××，又若仙厨瑶席，玉馔天浆，食之不厌，其价值×××××诚学海之奇观也，且于运会兴衰之际。民×物则之×，渊源家学，投赠绸缪……

此在宋元泽的刻本中则绝无一字残缺：

> 今岸舫自三代以迄今兹，凡涉于诗句，诗联，诗之格律，诗之长短本末，名物象数，罔不兼收毕举。而一字半语，具有根蒂，正讹辟谬，裨益无穷。如入璚圃珠渊，琳琅参错，取之不竭，挹之弥精。又若仙厨瑶席，玉馔天浆，食之不厌其饱，饮之更恋其余，诚学海之奇观也。且于运会兴衰之际，民彝物则之恒，渊源家学，投赠绸缪……

其中与前本不相同的几个字，也均觉后胜于前，固不止可补其缺漏而已。

又卷首除罗坤序及宋之自序一篇外，尚有宋之友人陶及申序文一篇，而新印本亦付阙如，此均足见其潦草到如何程度。

袁小修的《游居柿录》，据施蛰存的跋语看，他们是知道周启明、沈启无二先生处是都藏有一部的，虽卷数不尽同，而为了证各本间之得失异同，却必须借来互相校勘一下，而又不出此，遇残缺处又只以□代之，天窗洞开，诸惟心照，珍本之可珍其在此乎？

三、标点之谬误

在"编辑凡例"中,编辑的先生们曾声明"本丛书标点只用句号(.)引号(『』)二种",这倒是很聪明的办法,我想,这样庶可不至再有刘大杰标点《袁中郎全集》时那类的笑话发生了。但及至看到《柳亭诗话》和《游居柿录》而后,才又知道这担任标点的诸人是连句号和引号的使用法也还不曾知道的,乱加安插,错谬百出。如《柳亭诗话》自序中有云:

> 有识者以为泥于理而不达于情,其失则愚。总角时侍先大人于家塾……

这珍本的标点者竟用截长补短的手术点为:

> 有识者以为泥于理而不达于情。其失则。愚总角时……

"其失则"三字应如何解释呢,我倒要请教了。

《诗话》正文卷一中之第二则,题为《猗兰操》,其下有宋长白氏的自注,在珍本中的标点为:

> 应劭曰:"琴之为言。禁也。其曲曰操。言虽失意。不惧不慑。乐道而不失其守也。"

按此处所引应劭的话,见于《风俗通》卷六"琴"条下,其文为"琴之为言禁也,雅之为言正也,言君子守正以自禁也"。是则宋氏所引应劭的话本只一句,自"其曲曰操"以下乃宋氏自己的话，而今一并认为应劭所说，不知何据。

然此犹可说标点者本非通人，常识缺乏，误谬固所难免也。试再看终日以谈论公安竟陵而附庸风雅的阿英（即钱杏邨）君所标点的《游居柿录》又如何：

《游居柿录》（即被化名为《袁小修日记》者）为《中国文学珍本丛书》第一辑之第一种，正文之前首列有自《公安县志》转录来的《袁小修传》，传文中更引有钱牧斋所作小修传一篇，开首为"小修十岁著黄山雪二赋"，结语为"盖小修兄弟间师承议论如此，而今之持论者夷公安于竟陵，等而排之，不亦过乎"。其下紧接数语为"公与牧斋及黄之梅公客生为至交，故其言如此……所著诗文有《珂雪斋集》二十卷，《游居柿录》二十卷"，本系《公安县志》撰修人所附加者，此本一看可知，无待翻检牧斋的书。却不料阿英君智不及此，竟自"小修十岁著黄山雪二赋"起直至"《游居柿录》二十卷"止，完全括入引号之内而算作钱牧斋的话了。

《游居柿录》第122页（依新印本）一段中，引有苏子由《栾城文集》中的一则记事，其标点应作：

……苏子由云："彭城曹焕为予言：壶公观有老道士刘道渊……服细布单衣，缝补殆遍……焕问其意，道渊怅然曰：'此故淮西守欧阳永叔所赠也……君知是人竟何从来耶？……'焕闻之，愕然莫测，徐问其故，皆不答。公尝自言：昔日与谢希深尹师鲁梅圣俞数人同游嵩高，见薛书四大字于苍崖绝涧之上,曰'神清之洞',问同游者,惟师鲁见之,以此亦颇自疑本世外人。今闻道渊之言益信。"然则身为世外仙人而不信有因果者固多矣……

但经阿英君校点一过,其见于珍本中之此段文字乃成为:

……苏子由云。"公尝自言。昔日谢希深尹师鲁梅圣俞同游嵩高。见苏书四大字。……问同游者。惟师鲁见之。以此亦颇自疑"。本世外人。今闻道满之言益信。然则身为世外仙人而不信。有因果者固多矣。

误薛书为苏书,误道渊为道满,已使人无从捉摸其文义所在,而更于不应断句之处横加斩截,使"本世外人"以下诸语被摈于引号之外,于是所自疑者何事,"本世外人"者何指,"闻道满(渊)之言"者何人,便全因此而致一塌糊涂。"然则身为世外仙人而不信,有因果者固多矣",如何可通,又须阿英君有以语我来矣。

现在就只略举以上诸点,其他诸如此类的地方还很多,不及备举。但其中有最不应当的一点是,小修的生活既终日在泛舟走马中度过,故其《游居柿录》中于记叙各地景物时引用《水经注》之处特多,则《水经注》自宜为阿英君所必须备置案头以便查检也,而其中什九又全被阿英君弄错。若谓这些全都无关宏旨,不必多此翻检之劳,则标点的用意何在?岂不将"非徒无益,而又害之"吗?

寄语施、张、阿诸君：即使纯为商业关系，也绝不应如此草率苟且，多查几本书，多用几番功力，是不但利人而且利己的。只用句号和引号固已比较聪明了，但就诸君的能力而论，最聪明的办法还应是：明认自身不是此道中人，从此停止校点辑印的工作，将书店关闭，将书款退还预约各人；当心出更大的丑，造更大的罪过。

(见《国闻周报》第 12 卷第 43 期)

评韩侍桁译《十九世纪文学之主潮》

开门见山：这不是一本好的译品。

所以不好，是由于译者在译述时工作的草率，态度苟且，不真诚，而另外，也许还有一个对于英译本所理解的程度如何的问题。

从"译者序"中，我们知道韩先生自从离开学校之后，就总是把一部英译的《十九世纪文学之主潮》带在身边，打算一有机会便把它译成中文，介绍给国人。然而竟寻不到一个肯有勇气出这部大书的书店，于是六七年过去了，他只能从其中节译出几篇可以独立的文章，在不时髦的杂志上发表，而又得不到少许同情的反响或鼓助。后来竟使他自己有时且都不能不断念地想，也许这部书是中国人所不需要的了。

对于韩先生所自述在译述过程中所受的冷遇，我们自然相信是确有其事，但如因此而推想到这部书不为中国人所需要，却未必是的。勃兰兑斯的书，于1872年陆续出版之后，立即风行于全欧，大部分的国家全都陆续有了这书的译本，在所有的批评文学中，它变作了经典作品之一。时至现在，它的权威性固因有了新兴的文艺批评的理论而稍见减退，但它的那种比较研究的方法，那种从人生的各方面，从社会生活的各方面去探讨一种作品的内涵，估量一个作家的价值的这见地，即在现在也还有许多可以取法之处的。而它那种能深入于一部作品的底蕴当中而阐发其根本含义的本领，对于只能着眼于作品之表象的我们的一群皮相的批评家们，更可以认作绝好的榜样，如果不说是一种对症之药的话。

无奈是，厚厚的六大册，单是在分量上也就实在惊人，中国的书商，都在急急于营取目前的小利，对于这样的大书固然全都没有印行的勇气，即使单就要从事于译述的人说，倘不是对于西欧的文学，尤其是18、19两世纪的，有着极端丰富的知识，对于勃兰兑斯用他的博识卓见叙述并批判了若干作家作品和思潮而成的这部伟著，将是无能为力的。人们之所以不敢对这书作译述的尝试者，想是因此；而韩先生的译述工作之所以得不到同情的反响和鼓助者，也未始不是因为人们对韩先生之能否克服一切困难而愉快胜任颇存着一种疑虑之故。现在韩先生已经得到了"不必挂念着生活，安下心来从事翻译这部书的机会了"，而就已经出版的第一册看来，韩先生在过去所遭受的冷遇却是算不得不公平的。

这中文译本所根据的，是英国 William Heinemann 所出版的英译本，同时也还参照了吹田顺助的日译本。原作者的序言，在日译本中竟较英译本加多了四分之三的篇幅，译者便从日译本中照样译出，这是使得中译本特别可以称许之处，因为，在我们所能找到的英译和德译本中，是都缺少着这大半篇很长而且很重要的文字的。

可惜的是，除了原序特别完备之外，在这200多页的中译本中竟再没有什么值得恭维之处。对于译述这部大书所应具备的理解和所应准备的功夫，在译者似乎都不曾预备得充足。最奇怪的是，在"译者序"里边，对于他所据以译述的英译本，竟说是"译者不明"，韩先生把这六大册的英译带在身边已有若干年，打算译为中文介绍给国人也已有六七年的时光了，不知何以还好意思说出这样的话来。在随便一本图书目录里边，在随便一家图书馆的卡片内，只要其中收有这一部书在内，它的译者便一定著录在上边的。不能因为在书的本身找不见译者的名字，便向人说"译者不明"。那么，让我来告诉韩先生吧：

第一册——Diana White 和 Mary Morison 合译，1901年出版。

第二册——译者同上，1902年出版。

第三册——Mary Morison 译，1903年出版。

第四册——译者同上，1905年出版。

第五册——译者与第一、二册同，1904年出版。

第六册——译者与第三、四册同，1905年出版。

在译述时所采用的，是直译抑是意译的方法，在"译者序"

里我们找不到关于此事的声明，也许译者认为强行区分意译和直译的办法是无谓的，而且在读者读过译文之后，对于译者所采用的究为何种方法，自然便会知道，因而是不须声明的。但现在我是把这第一册中译本从头到尾读过了，而且还不止一遍，对于译者所用的方法，我却疑心是既非直译，也非意译，而是在二者之外的另一种"曲译法"。单说是"曲译"，并不便是带有挖苦意味的一种贬辞，只要能以曲笔传神，倒不见得一定要"硬译"或"死译"的。例如本册第八章中的一句，在英译本中如：

> He was not even a great general, for at Marengo be had lost his head...

韩先生译如："他（拿坡伦）甚至不能算是一个伟大的将军，因为在摩朗沟，他已经狼狈起来了。"这最后一句的译法自然胜于直译为"他已经掉了他的脑袋"，因为，谁都知道，拿坡伦（今通译为拿破仑——编者）是困死在圣海伦岛上，而不是在摩朗沟的战场上被人斫了头的。

然而在全书中，这样的办法并不多见，在此外的各处，我们只能看到韩先生对英文原意的有意或无意的扭曲，而且扭曲的程度也都非常大，有时竟扭到正与原意相悖谬的那方面去，使得"正言若反"。

惭愧，我没有将英译本和这中译本一行行一页页地校对一遍，我只是将中译本翻读着，重温着读英译本时的旧印象，只

有在感觉前后的印象太刺缪不合的时候,方取来英译本一加查对,然而这已经供给了我足够用的材料,作为在此举例之用的了:

本册第十一章,在英译本中的题目是"Attack Upon National and Protestant Prejudices",是指斯台尔夫人对于英法等国人之狭隘的国族观念和新教的偏颇的见解的攻击而说的,全章的文字都是以此作为出发点的,不知韩先生怎么别有会心,竟把 national 一词硬译作"国际的",于是中文本中的题目便成了"对国际的与新教的偏见之斗争"了。于是在全章之中,所有的 nation 字样,都译作了国际,colouring of nationality 译作了"国际的色彩",national pivot 成了"国际的枢轴",national god 也成了"国际之神"了。从这些字样看来,19 世纪初年英法等国的士绅和统治者竟是最先有国际思想的人物,而斯台尔夫人竟成了反国际思想的一员健将了。一个已经译过许多篇文章,而现在且敢于译述这样一部大书的人,说是连 nation 的含义都不知道,则恐不但韩先生不能心服,在我,也觉得有些冤屈了韩先生的,那么,这里的解释便只有一个:故意地歪曲。听说韩先生早已归附于民族主义文学的旗帜之下了,那么,在译述的过程中,遇到不合脾胃的地方来一两下曲笔,原也是本分以内的事。

然而,有许多用不着这样煞费苦心的地方,却也被译者(劳您驾!)把原意转换了。如第七章中的一节,有一句论及伏尔泰的,说:

> Voltaire had not only criticised, he had been forced by the evils of the times and by his unruly wit into an attitude of aggression. (p. 72)

这意思很明白，是说伏尔泰对于一切不但都曾加以批判过，而为当时的坏的世风和他自己的横逸的才智的驱使，简直是取了挑战的态度。而在韩先生的译文中，开头便译成了"伏尔泰不只是被批评的"了。

在第八章中的一节，有这样的话：

> In the present case the revolt is a spirited, desperate attempt to hold fast one of the gains of the Revolution at the moment when it is being wrested away by the reaction. (p. 103)

意思是，在现今这情况之下，反抗的事件，是当革命的收获之一将要被反动的势力所夺走的时候，想要紧紧把握住它的一种活跃的然而无望的企图。

韩先生的译文是：在如今的场合，这种反抗是革命的获得，而更因为是在反动势力所要夺取的瞬间，所以它是必要坚固把持住的一种精神的而绝望的试图（122页）。——这与英文中的意思相去有多远，这译文的本身是否能够讲得通，怕只有天知道了。

在第九章的一节里，有这样的一句：

> Two young men, De la Barre and Étalonde, were accused in 1765 of having passed a church procession without taking off

their hats, which was a true accusation, and of having thrown a crucifix into the water, which was a false one. (p. 118)

意思是，两个年轻人，De la Barre 和 Étalonde 在 1765 年被人控告当行经教会的瞻礼队的时候他们没有脱帽，这罪状是真的，但又被控告把一个十字架投掷到水里去，这却是诬罔的了。

韩先生的译文是：两个青年，杜·拉·巴尔与蔼达龙德被控当教会仪式行过的时候他们没有脱帽，这控告是真的，但是控告他们把基督之磔丢在水里，这事便是虚造的了（140页）。——将 church procession 译为教会仪式已觉不妥，而将 crucifix 译为"基督之磔"，更离奇得厉害，什么是"基督之磔"呢？

在第十一章的一节中，有这样的几句：

A sensible people like the English cultivate and appreciate practical business qualities; an emotional people like the Germans cultivate and love music; a witty people like the French cultivate conversation—that is to say, the best in them is brought out in intercourse, in converse with others; an imaginative people like the Italians improvise—that is to say, rise naturally from their ordinary feelings into poetry. (p. 147)

意思是，一种像英国人那样的聪敏的民族，精练了在实际业务中的种种特质而且能赏识它；一种像德国人那样的多情善感的民族，精练了音乐而且爱好它；一种像法国人那样的机警的民族，专精于谈话——就是说，他们的内在的精华全都倾泻在与人的交往和彼此的闲谈当中；一种像意大利人那样的幻想的民族，因物起兴——就是说，从他们的普通的情感出发可以很自然地进入诗歌的境界。

作为这一段文字中的动词的，是 cultivate，是 appreciate，是 love，是 improvise，而这其中的 like 却只是当作前置词用的，韩先生却把这词类颠倒了一下，把 like 都派作了动词，而把 cultivate 和 improvise 等字，又一齐派作居于宾位的名词了，于是在中文译本中便出现了这样一段绝妙好辞：

> 一种理智的民族，是喜欢英国人的教养而鉴赏那种实际的事物的特质；一种情感的民族，是喜欢德国人的教养而爱好音乐；一种机智的民族，是喜欢法国人的高尚的谈话——也便是，在与旁人交接与谈话之间最好发挥他们的机智；一种幻想的民族，是喜欢意大利人的即兴诗——也便是，自然地由他们的普通的情感表现成诗。

像这样的例子，还可以举出很多很多，但现在举到这里为止，如果有人肯再仔细地将中、英两译本相互对校一下，我相信在中译本的每一页中都不乏谬误的例证或则大有商酌余地的地方。但只就上举的几端看来，韩先生是否具有配译这部大书的程度与资格，当已十分了然了。

关于译述外国书籍所应采用的方法的问题，不知已经有过几多次的争论了，最先是直译和意译的问题，后来，字样稍变，换成了"信"和"顺"的问题，至此而有了赵景深先生的提议，他主张宁可以不"信"，不可以使中文不顺，于是他将 Milky Way 译作了牛奶路，先作了实行他的主张的榜样，然而结果却还是被人们将这样的"顺"的译品列入于最下乘。现在韩先生贡献了一种"曲译"的方法，对原文既极尽歪曲之能事而丢开了"信"，而在中文方面，却也盘曲得有许多处使人无从索解。上举的几段中译文几乎全可再移到这里来作例，而另外，也还有不少，如：

"贯穿这全社会的轻蔑的阶段。"（57 页）

"全是希望而没有希望的实现。"（79 页）

"她衒学地看重一切琐事。"（107 页）

"使她的眼睛对着自然的优美张开了眼。"（146 页）

"所以带了道德的严峻的痕印，而那又必永久保持着不可。"（168 页）

"它使我想起了我的父亲喉咙响着临死的时候的情形。"（206 页）

这些，是既不合于英文中原来的语气，而在中文上也实在不顺，较之赵景深求顺不求信的译法，岂不更要落了下乘吗？

如果单是由于能力方面的不及而制造出这样一种恶劣的译品，则事虽难恕，而其情终有可原的；现在呢，却于此之外又加上了一份苟且草率的态度，这态度表现得最明白的，是在书中所译的人名地名书名等等的紊乱。在这里，几乎每一个人每一本书每一个地方，都要努力予以一个或几个以上的化名，例如：

1. 同是一个 Aladin，有时译为"阿拉丁"（原著者序，10页），有时又译为"阿达林"（212页）。

2. 同是一个 Alps，有时译为"亚尔普斯"（23、155页等处），有时译为"亚尔帕"（60、62、162页等处）。

3. 同是一个 Bonaparte，有时改译为"拿坡伦"（113页等处），有时则直译为"勃那巴特"（14页等处）。

4. 同是一个 Benjamin Constant，有时译为"班甲曼·康斯坦"（77、86页等处），有时又颠倒为"康斯坦·班甲曼"（227页）。

5. 同是一个 Copenhagen，有时译为"柯盘哈根"（译者序及原著者序各处），有时译为"柯本哈根"（221页）。

6. 同是一个 Michael Angelo，有时译为"米凯朗盖罗"（原著者序11页），有时译为"米凯·朗介楼"（170、172页等处），而有时又是"米凯郎介楼"了（177页）。

7. 同是一个 Taine，有时译为"泰纳"（译者序5、6页），有时又译为"泰诺"（186页）。

8. 同是一个 Prometheus，有时译作"普罗梅托意斯"（原著者序9、10页），有时又译作"普罗米修士"（98页）。

9. 同是一个 Troy，有时译作"特罗义"（201页），有时又译作"特洛意"（212页）。

10. 同是一个 Vesuvius，有时译为"威苏乌"（62页），有时译作"威苏威斯"（145页），有时又译作"威苏乌斯"（155、156

页等处）。

  这里所举的只是一小部分，由这译名的紊乱，知道译者虽然已经"不必挂念着生活"，已经有"安下心来从事翻译这部书的机会"，而对于翻译工作之如何进行却还是不知门径的，他不知利用索引的方法，在译述的时候将所遇到的专名随时记下以便以后再遇到这同一名称时可以取用，而全书译成后更有一完备的索引附在书后。现在却这样随时随地地乱译一阵，到六大本一齐译成之后，我怕书中所常见的人名、书名、地名，将都会有十个以上的中文名字呢。

  以上所指责的，似乎太偏向琐细处着眼了，然而全册的译文到处既都充满了这样的谬误之点，则由小也正可以见大。近来，一般人对于新出译品的评论，似乎都不再斤斤于译文与原文的对比，而只从大处着眼，估量被译的那书的价值如何，这原因，当然是因为一般译品的水平线的提高，粗制滥造的译品已经较前大见减少了。但在这种情形之下，却也未始不有人想占取一些便宜，拿出了恶劣的译品而希图在批评方面作一个漏网之鱼。我怀疑，以韩先生的本领而胆敢从事于这部伟大的《十九世纪文学之主潮》的译述，未必不是这风气鼓起了他的勇气的。于是，作了一番实事求是的探讨，如上。

            （见《国闻周报》第 13 卷第 26 期）

论《四库全书存目丛书》不宜印行

从去年以来,我屡次听到有人要辑印《四库全书存目丛书》(以下简称《存目》)的消息,听到后我总一笑置之,以为不会成为事实,因为,它的工作量太大,而且毫无意义。不料在今年5月16日的报纸上却看到了该丛书已在开始编纂的消息。这一消息一开头便告诉人们说,《存目》"被人们誉为全世界最后一笔、最大一宗文化遗产"。读后更使我不胜诧异:《四库全书》的编纂乃是从清朝乾隆三十七年到四十七年(1772—1782)内的事,从其最后一年计算起,到今天已相距210余年,在此200多年内,不仅在中国因中外文化交流日渐通畅之故,因互相碰撞与交融而产生出大量论著成为我们的文化遗产,而欧美各国在此期内,其文化的繁荣昌盛,可以作为人类文化遗产的成果之多,也都出现了空前的局势。怎么可以把《存目》称作"全世界最后一笔、最大一宗文化遗产"呢?!

消息还透露了辑印《存目》的原因:《四库全书》把"大量

的不适合清王朝统治需要和价值标准的历代典籍摒弃在外,或予禁毁,或列为存目","由于清末以来的兵火之灾,存目之书亡失严重","三成以上已成孤本",所以现在要亟亟进行辑印,亦即进行抢救。对于所申述的这一辑印理由,我也觉得费解:为什么凡"不适合于清王朝统治需要和价值标准"的古代典籍,就正是符合于我们社会主义新中国的需要而应该加以印行和抢救的呢?我们的时代意识和思潮,早已超越了太平天国革命和辛亥革命时期的那种狭隘民族主义思想了。更何况,凡真正不利于清朝统治的,在纂修《四库全书》时全已明令加以禁毁,哪有让它保留在《存目》中的呢?因而,把被禁被毁的书置之不顾而专向《存目》书中去找不利清王朝统治的典籍,这简直是缘木求鱼;说清修《四库全书》时把不利于清王朝统治的书籍列入《存目》,这更完全是闭眼瞎说。

据我看来,当时被列入《存目》中的书大致可分为以下三类:

第一类是为了避免重复而把一些书列入存目中的。——当编纂《四库全书》时,是以行政命令方式由政府机构向各地藏书之家广行征辑的,采进之书自多有互相重复者,其完全一模一样者自不加收录,亦不须"存目",其大部分重复或编辑次第有所不同、注释论述抄说雷同者,则在馆臣此次衡量之后,只将某种或某几种加以收录,而将其余的列入《存目》。如南宋李石的《方舟易学》2卷,因其全书亦载入李石的《方舟集》中,故经部不再收入其书，而仅附其节名于《存目》中。又如对唐代大诗人杜甫的诗集，在《四库全书》集部别集类中，收录了从宋人郭知达编撰的《九家集注杜诗》至清初仇兆鳌的《杜诗详注》，一共5种123卷；而从伪称元虞集所撰《杜律注》至清人浦起龙的《读杜心解》共16种234卷，则或以其"割裂失伦"，或以其有似注"四书"的高头讲章，便一律置于《存目》之中而不予收录。再如对宋人李纲的诗文集，在《四库全书》集部别集类中收录了《梁溪集》180卷、《附录》6卷，其中包括了《表章奏札》，所以就把世间原已单行的《李忠定奏议》69卷和《附录》9卷列于"诏令奏议类"的存目中，而把其《建炎时政记》3卷列入"杂史类"存目中，把《李忠定集选》44卷列入"别集类"存目中。再如宋代大儒朱熹的诗文集，在《四库全书》集部别集类中收录了编纂比较完整的《晦庵集》100卷、《续集》5卷、《别集》7卷，而把宋人所编《朱子大同集》13卷、明人所编《晦庵文抄续集》4卷、清人所编《朱子文集大全类编》110卷一并列置"别集类"存目中，并把《朱子奏议》15卷列置"诏令奏议类"存目中。如此等类的例证繁多，难再列举。

上举诸事例只是要说明，清代四库馆臣之所以把为数繁多的书籍列置《存目》之中而不予收录，原因极为简单：为求避免浪费人力和物力，与不利于清王朝统治及其价值观念是全无干涉的。那么，我不禁要问，在我们要致力于新中国文化建设事业时，竟能允许把人力物力浪费在印行这些书籍上面吗？！印了又有谁肯买呢？

第二类是被《四库全书》纂修人员判定为伪冒品类的书籍，在书的卷首写出判词，而将该书列置于《存目》之中——四库馆臣对旧籍真伪的鉴定虽未必有百分之百的准确性，但至少总有95%以上是准确的。例如，认为《美芹十论》非辛弃疾所作而列置于"奏议类"存目之中，就是弄错了的；然而把冒称辛弃疾撰写的《南渡录》2卷、《窃愤录》1卷列入"杂史类"存目之中，把冒称辛弃疾编撰的《蕊阁集》1卷列置"别集类"存目之中，却完全确当。另如列置"礼类"存目中的元邱葵撰《周礼补亡》6卷、明何乔新撰《周礼集注》7卷、明舒芬撰《周礼定本》4卷、明陈深撰《周礼训隽》20卷，均属于妄称《周礼》中《冬官》不亡之一派，乃皆割裂原文，肆行补缀，以强合其说者，其为谬妄，不待深辩，故一律淘汰，置之《存目》之中。另如"杂史类"存目开端所列之《左逸》及《短长》各1卷，谓原皆竹简漆书古文，而《四库全书》纂修者为时代所局限，不及见居延、云梦及银雀山出土之竹简木牍，乃断言"竹简漆书，岂能阅二千年而不毁，其伪殊不足辨也"，因而置之《存目》之中，此则诚为失误；但同卷所载《〔金人〕南迁录》，所述金朝皇帝之序列既极乖舛、年号亦与《金史》不合，如金章宗后不载卫绍王事，而谓磁王、德宗相继为帝，又较《金史》多出一代，遂断言其为伪书而置诸《存目》，此则确然无可疑者。再如子部儒家类虽收录了魏王肃注的《孔子家语》10卷，却在《四库全书总目提要》（以下简称《提要》）中指明其非《汉书·艺文志》所载之书，乃王肃自取先秦之书割裂而为之者，故正文及注释皆出王肃之手。特以其流传已久，且"遗文轶事多出于其中"故仍予收录；但明何孟春之《孔子家语注》8卷、清姜兆锡之《家语正义》10卷，则一律列置《存目》之中而不予收录了。在《存目》当中，似此类假冒伪劣作品尚多，例如列入"小说家"存目中的宋王铚冒柳宗元之名而写的《龙诚录》等，无法备举，它们也全非本身具有价值、因触犯清朝的忌讳而被排斥者。当我们应集中人力物力建设新中国的两个文明之际，有什么理由要把已感紧张的人力物力再浪费在印行这类假冒伪劣的古籍之上呢？！

第三类是因不符合于四库纂修人员的价值观念而被列入《存目》中的，此类书籍在《存目》中所占比例应最高。只是，我们总不能说，凡不符合于清代学者的价值观点的，就都是能符合于我们今天的价值观念的。当然了，像史部别史类存目中所载明人李贽《藏书》68卷，《提要》中说它"狂悖乖谬，非圣无法，排击孔子，别立褒贬……故特存其目以深暴其罪焉"。这与我们今天对此书的看法自大不相同。但像这样的例子实在为数极少，而且在"批林批孔"期内已将《藏书》大量印行，迄今也必还大量存世，无须重印。然在这同一卷中所载明王洙所撰《宋史质》100卷，《提要》评述略谓："（其书）大旨欲以明继宋,非惟辽金两朝皆列于外国,即元一代年号,亦尽削之,而于宋益王之末即以明太祖之高祖追称德祖元皇帝者承宋统……且于瀛国公降元以后,岁岁书帝在某地云云……荒唐悖谬,缕指难穷。自有史籍以来,未有病狂丧心如此人者。"此书之下又载明柯维骐《宋史新编》200卷,《提要》评述略谓:"辽起滑盐,金兴肃慎……元人〔以宋辽金〕三史并修,诚定论也,而维骐强援蜀汉,增以景炎祥兴,又以辽金二朝置之外国……大纲之谬如是,则区区补苴之功其亦不足道也已。"前段《提要》对王书虽不免诟骂过甚,然合此两段《提要》看来,其对此二书的评价却全是我们可以接受的,亦即在价值观念上还是有某些相同或相通之处的。而在全部《存目》的书籍当中,属于这类情况的却也是占有很大比例的。也就是说,凡被四库馆臣列入《存目》的书,在今天重新估价,其大多数也是应当弃而不收,而不是大多数还都有印行的价值的。

我们常常提到所谓国粹和国渣的问题,当我们正致力于弘扬传统文化的当今,更需要把国粹和国渣严格地加以区别。正如有些人家常常在倾倒垃圾时间或夹杂有金银珠宝那样,被四库馆臣弃掷到《存目》的大量古籍,由于他们所受时代、知识水平和视野的局限,绝不能排除其中必还有某些值得加以印行、整理、研究的东西,但为数必然有限,我们绝不能因为要拯救这为数有限的可以保存的古书,而把《存目》中的全部加以印行,使文化"沉渣"全部"泛起",那却是纯粹的浪费,是只会对当前弘扬传统文化、建设社会主义新文化的工作起负面效应的。这不但是在当今我们社会经济的发展还远未富足的情况下之所不应为，即使到我们社会的物质生产已经十分丰富之日，也是不应当这样浪费的。

对于《存目》中那些确有刊布、流传、供今人和后人研究参考的价值的，在经过有关各方面的专家学者（至少得超越纂修《四库全书》的那班学者的水平）的认真审查鉴别和认定，并重新为每一书写一篇"平反提要"，说明四库馆臣原来对此书评价之谬误，是非之有失公正，刊诸卷端，以使读者得一新的估价，以革除其从《存目》原附《提要》中所得之贬斥印象，然后集拢来编为《四库全书存目选本丛书》，这倒是唯一可行之法。（撰写《提要》当然不是一件容易的事，但如为畏难而不新作《提要》，以至仍用四库馆臣原作之《提要》，那可就要成为天下之大笑谈了：怎么能把原是意在"废黜"的话语再抄袭来作"复辟"之用呢？）

（原载《光明日报》1994年7月29日）

再谈《四库全书存目丛书》

我们的国学之应当加以继承和弘扬这自然是毫无疑义的。但是，在我们的国学这一学术领域之内，既包括了光辉灿烂的精华，也存在着大量腐朽陋劣的渣滓，这二者的界限，是每一个有志继承和弘扬国学的人所必须随时随地加以区分的。所应继承和弘扬的，只是其中的优秀精粹部分，而对其陈腐陋劣部分则必须剔除摈弃。这才符合于批判地继承的原则。

被四库馆臣摈弃于存目中的书籍，品类繁杂，有为了避免与《四库全书》已经著录之书相重复而只保存其书名的，有限于编修人的知识水平及见闻之狭隘而误加摈斥的，有因不合于编书人的口味与价值观而被列置存目中的，但也确有很大一部分是属于庸滥伪劣货色而理应加以弃掷的。四库馆臣对古籍所作的评价固不是完全可以信据的，但《四库提要》（包括其对存目中书所作的提要）则大都是编书人参考和总结了前代学人对某些书的评价而作成的，所以鲁迅先生也说它"其实是现有的较好的书籍之批评，但须注意其批评是'钦定'的"。因此，对于《四库提要》，我们也是应当批判地加以继承，亦即对其意见有弃有取，而不应一概抹杀而不予考虑。

我是执持着如上所述的一些意见，对正着手编印的《四库全书存目丛书》写出了文章，以为只应编《四库全书存目选本丛书》，而不必印行《四库全书存目丛书》的。

在为出这套丛书而刊出的历次的广告中都宣称，之所以要亟亟编印这套丛书，是因为据调查，存目中书已经亡佚了三分之一，对尚未亡失的那三分之二自应赶紧进行抢救。针对这一理由，我在前文中反驳说，存目中书，如李石的《方舟易学》、李纲、朱熹等人的奏议，都是因为已经收录到他们的文集中了，为避免重复，故仅存其目。它们既全无亡失之虞，当此建设社会主义新文化而深感人力物力紧张之际，此类书自也不宜列入丛书之内，以免使毫无意义的浪费挤占建设新文化的有生力量。但杨素娥的《论〈四库全书存目丛书〉亟宜印行——兼答邓广铭先生》（以下简称《兼答》）置这些道理于不顾，也不再持抢救之说，却别生枝节，扯到版本校勘问题上去了，说什么不同的版本"在古籍整理上存在校勘价值"，版本是古籍价值的重要组成部分（广铭按：此句文义不通！），对待古代文化遗产，决不可采用一种图书，一个版本。于此，我不禁要问：1. 印《四库全书存目丛书》的目的，究竟是为抢救可能亡佚的古籍呢，还是要提供一些不同版本供校勘之用呢？2.《方舟易学》与李纲、朱熹的奏章之存在单行本已各有数百年，从未有人指明它们与诸人文集中所载有任何歧异之处，何乃凭空设此假想以浪费当前的人力物力呢？

我在前文中还说，四库馆臣对古籍真伪的鉴定虽不完全确切，但被他们定为伪冒作品而列入存目中的，总有95%是准确可以信据的，例如元明人补缀而成的《周礼·冬官》、南宋人伪造的《〔金人〕南迁录》等即是。而凡此类伪书，自不宜编入丛书内而再为印行。《兼答》对此具体问题回避不谈，却把问题架空，大谈"书籍的价值，真伪并非唯一的标准"，伪书中也有颇有价值的，举出"《本草》虽假名神农，《素问》虽假名黄帝，在医学上自有用，而有甚高之价值"。其意似谓，既然《本草》《素问》是伪冒之作而有甚高之价值，则其他伪冒之作也便都是"有甚高之价值"的了，这就把去伪存真的原则一笔勾销了，把是非的界限完全混淆了，而对于实质性的问题却完全未能解决。在此我只得再次提出，《周礼》全书中的《冬官》篇、南宋人伪造的《〔金人〕南迁录》，果真都具有很高的价值，可以与《本草》《素问》等量齐观吗？如曰不然，有什么理由再为印行流布呢？

根据四库馆臣的价值判断而列入存目的书籍，其中必有许多很不恰当的，但绝非全部都不恰当。因此，我在前文中举出了明人李贽的《藏书》《续藏书》等作为评价不恰当的例证，举出王洙《宋史质》、柯维骐《宋史新编》作为评价允当的例证，以为这两种宋史内容的荒唐悠谬，在我们也是不能容忍的。对于我的这番话，《兼答》回答说："有的书即使今天看来价值不大，随着学术的发展和某些研究领域的开拓，也许变得价值很大；我们这一代学者认为无价值，也许后代学者认为有价值。像《存目丛书》包括如此浩瀚的典籍，牵涉到各种学科，绝不是一二个学者短时间内能识别鉴定其价值的。"对于这段话稍加思考，便可知道它的主要用意，是要全盘否定我们经常所倡导的要用辩证的和唯物的思想方法和观点重新估价一切的那一主张。它认为，一切是非好坏美恶的评价，只能待诸不可知的遥远的将来的学者。因此，重新写作《提要》的事，还只能等待此丛书印出之后的广大读者去作。然而这却大大违反了编印任何丛书的惯例，读者是不会同意这种做法的。

又想到一个极易识别其为香花或毒草的例子。《提要》子部数术类列入存目的第一种书，是"旧题麻衣道者撰"的《正易心法》，其书一卷，四十二章，章四句，句四言，实即目前流窜各城市卖卜看相的流氓骗子们大都人手一编的《麻衣相法》。《提要》说此书问世之初就遭受到朱熹的抨击，并即依据朱说而判定此书之既伪且妄，故仅存其目。试想，它既不是"养在深闺人未识"的秘籍，其价值的高低，难道也必须大量印行出来，等待后人去作出判断吗？

在《兼答》中既然大谈其校勘学版本学的重要性，按理说在编印这部《四库全书存目丛书》的过程中，至少总也应当稍稍注意到这两个方面的问题吧，按之实际却又大谬不然。这部丛书的第二册，目前已经作为样书印了出来，印制的水平如何呢？宿白先生在《建议改出〈四库存目选粹丛书〉》一文（见《光明日报》9月9日《读书与出版》）已经对之做出了总的评价，其中最使人感到惊诧的是，这一册中所收的《易序丛书》中，有许多篇页的顺序在影制过程中被编辑人员搞得颠倒错乱，在制版付印之前竟也没有稍加检校，把它们一一理顺。把一本古人本来文从理顺的著述弄得这样颠三倒四，令人不堪卒读，这将何以对古人，何以对读者，更将如何传诸将来的学者使其对此书的质量做出评定呢？

宿白先生只在文章中揭明了《易序丛书》有许多篇页的错乱，而没有举出那些被割裂窜乱的文句。为使读者更能加深其印象，今特将其中被割裂的一段文字例举于下。

《易序丛书》中包括《筮宗》一种，《筮宗》的卷首为著作人赵汝楳自写的《筮宗序》，序文中有如下一段：

> 汝楳承先君子训，且俾博考先传，粗得其说，作《筮宗》。宗，聚也。筮之学聚此编也。抑尝谓，太极未判则为阴为阳不可测，判则阴阳著矣。

在四库所收录的《易》筮中，这段文字本是前后相接，文义原是相联属的，而在《四库全书存目丛书》影印本的 2—203 的下栏前页，只到"作《筮宗》。宗，聚也"诸字为止，其"筮之学聚此编也"云云以下的一大段却全被误印在 2-205 下栏的后页去了，中间插入了文义不相连贯的文字达几页之多。而被错误插入的几页，其次序也并不是前后互相衔接的。页次之出现颠倒错乱情况，当由影制过程中不曾加意排列所致。这一道最简单的工序都不肯认真负责地去做，以致造成如此劣滥的出版物，还侈谈什么校勘学、版本学呢？

  我的前文的标题虽为《论〈四库全书存目丛书〉不宜印行》，而文章的最后归结点，却是主张改出《四库全书存目选本丛书》，并且提议：1. 由编委们分门别类地、认真负责地从存目书中选取一些确为四库馆臣错评了的优秀典籍，而且是目前社会上确已罕见传本的，集中重为印行；2. 对所有入选之书，必须为之撰作一篇新的提要，对原提要加以辨析纠正，使读者得到新的认识。宿白先生文章中的建议，和我的上述意见大致相同。《兼答》对我们的这一意见却断然地全部予以否定：一则说社会上还在流传的书也应重印以供学者校勘之用，再则说编辑部仅有一二位学者，无法对偌大数量的存目书审定其价值之高低，三则说提要必须在书籍印出之后，待后来的学人去写。既然如此，我们似也不必再以万不可能之事强求诸这"一二位"负责编辑这部丛书的"学者"，否则，我势必自行讨取一个"不可与言而与之言"的"失言"之咎了。

（原载《光明日报》1994 年 12 月 9 日）

向文科研究生推荐一本必读书

每逢年轻人或各种报刊的编辑先生们要我自述一段治学经验一类的问题时,我往往感到十分困窘,原因是,自我跻身于攻治史学的行列,迄今虽已超越了半个世纪,而全部历程几乎都是稀松平常,没有什么"过五关斩六将"之类的奇行壮举可供后生借鉴,所以觉得都不值得讲说。在我读过了老友季羡林先生的《留德十年》之后,却如获至宝一般,觉得不止在治学上,而且在为人上,全都可以作一般青年学人(姑且把范围缩小在研治人文科学的硕士生和博士生的群体之内)学习的榜样,因而不免袭用借花献佛的办法,把季先生的这本书推荐给一切真正有志向学的青年友人。

季羡林先生是久已享誉于海内外的专家学者、作家和翻译家。他对我国学术、文化方面所作出的贡献是举世的学人难以企及的。例如,他对于中印文化交流与中国佛教发展史迹上的一些论著,对印度名著史诗巨作《罗摩衍那》的翻译,对于

《大唐西域记》的校注及其所作十多万字的《校注前言》，就都是举世学人之所不敢为或不能为的。而他还在行有余力之时写出了无数篇抒情散文，沾溉读者。特别令人仰慕钦佩的，是他不论在忧患当中（例如"十年浩劫"期内）或比较安乐期内（例如在浩劫之前和之后），无时无刻不在朝乾夕惕，自强不息。如他自己所说："我现在就不敢放松一分一秒。如果稍有放松，静夜自思就感到十分痛苦，好像犯了什么罪，好像在慢性自杀。"即便在"十年浩劫"当中，他被勒令去学生宿舍值班，掌管传呼电话、收发信件等等杂务，却仍然藏藏掩掩地把卷帙浩瀚的《罗摩衍那》一节节地抄在纸条上，一行一行地进行翻译，使这一巨大翻译工程终于完成。这种坚韧不拔的精神力量，不正是所谓"造次必于是，颠沛必于是"吗？

浩劫过后，情况虽大有改变，然而就作为专家学者的季先生来说，却仍然日益增添着一些另外的"干扰"：他在校内校外以至国内国外的兼职多达半百以上，繁忙的行政事务，众多的会议程序，接待外宾，出国访问，以及诸如此类的许多活动。尽管一个学者决不应只作一个高居于象牙塔中的人物，尽管在上述各种活动中也包括了各种各样的学术活动成分，对人对己未尝不都有一些益处，然却毕竟是以脱离自己的既定安排之时为多，使自己不能沉潜于专业钻研之时为多，尽管他在胶胶扰扰的纷忙中照样作出了丰硕成果，巨大贡献；但我们试来设想，假如没有这般冗杂事务占去了他大量的时间，他是否会作出更丰硕的成果、更巨大的贡献来呢？

然而在上述各种变幻无常的情况下，季先生所做出的成绩和贡献，终究是值得人们赞叹的。人们不能不惊异他的学殖和精力之过绝侪辈，出众超凡。

若问：季先生何以能有如此卓越的成就？我的答复是：这正是我之所以要把他的新著《留德十年》向文科的研究生们推荐的原因所在。

道理原也十分简单：只有根深，才能叶茂。只有茁壮的枝干，才能开出鲜艳的花朵。尽管在留德之前，季羡林先生在清华大学的毕业生中，其业务已经崭露头角、出人头地，然而如果没有留德十年的这段既冷静扎实而又艰苦卓绝的治学历程，他的成就及其所做出的贡献，必然是会依循着别样的途径，而与目前大不相同的。所以，他留德的十年，对于他生活道路是起了关键性的作用；而他的《留德十年》这本新著，也便成了认识他、理解他，进而向他学习的一本必读之书。这并不是专要为季先生的成就和贡献寻根，更不是奉劝大家必去外国留学（当然也不反对），其实际目的是为青年一辈的茁壮成长找一个最可靠的楷模。

我常有一种谬论，认为人之一生，不论治学或治事或从事于各种行业，大致总要依靠三种要素（或叫条件）：一为资质（或禀赋）；二为自己的努力；三为机遇。在读过《留德十年》之后，我才知道这样说是不够全面的。因为，季先生的一生，就只是凭靠了前二者，特别是他自己的努力，而都不见有什么机遇的作用存乎其间，如果说有，那也只是因为他自身努力而把机遇引致了来，却不是他本人通过任何方式去营求来的。如果把他被清华大学派送留德也算是一种机遇，那岂不正是因为他在清华读书时学习成绩之突出而理所应得的一个结果吗？

不营求机遇并不是无所追求，这是全然不同的两码事。季羡林先生不但一直有所追求，而且是在一直执着地追求。在他生活的每一阶段，都有他所追求的目标。然而万变不离其宗，他所执着追求的全只限于文化上和学术上的问题。他之所以享有大名，乃是一个最合乎"实至名归"的逻辑的必然结果。

请看，当他抵达柏林之初，虽还没有探索到自己的学术上的安身立命之所，然而他立即到柏林大学去修习德文课程，决不使一日一时的大好光阴虚度。到他抵达哥廷根之后，他立即感到洋溢这个城市的全都是文化学术气氛，仿佛自己已经进入了一个学术乐园和文化净土。对自己所要走的道路虽还有一个短暂时期的迷茫，然而终于选定梵文作为他毕生攻治的对象。因为他早就想对中印文化的关系进行透彻的研究，而梵文则是深入研究印度文化最最需要的语文工具。梵文这个语种，语法规则烦琐，形态变化丰富，不但与汉语截然相反，而且是现在世界上已知的语言中的语法最复杂的古代语言。在既已选定了这一攻治对象之后，他就一步一个脚印地以坚韧不拔的精神学习下去。可以想象，在他的学习历程当中，是充满了攻坚战的许多情景的，是充满了过五关斩六将的精彩场面的，然而他都不声不响地把一些难关克服了，把一道一道的龙门跳过了。马克思所说，"在科学上没有平坦的大道，只有不畏劳苦沿着陡峭山路攀登的人，才有希望达到光辉的顶点"。在季羡林先生的身上，不正可以找到最典型的例证吗！

季先生于1935年去德国时，本是以交换学者的身份去那里学习的，原定期限为两年。然而1937年夏日寇侵华战争全面展开，使他无法回国，所以他延长了学习年限，攻读博士学位。与此同时，德国法西斯头子希特勒也开始对其邻国进行侵略，到1939年9月英法与德正式宣战。战争持续了三四年后，德军在前线上已出现颓势，而在其国内，居民生活的物资供应日益艰困，英美飞机的轰炸也日益加多加强。遂致身居哥廷根的季先生大受"洋罪"：一方面处于惊恐气氛之下，另一方面则又深深陷入饥饿地狱之中。尽管如此，他却依然坚持他的读书作业等学术活动，并且还随时随地发现与他处在同样情况之下，而却比他更加临危不惧的人而大加叹服，把他们大笔特写地记载下来。我现在只把其中的三人摘述于下：

一个是西克教授，是教季先生梵文和吐火罗文的老师，是一位年届古稀的老人。季先生在《留德十年》中有一段写道：

> 等到美国兵攻入哥廷根以后，炮声一停，我就到西克先生家去看他。他的住房附近落了一颗炸弹，是美军从城西向城东放的。他的夫人告诉我，炮弹爆炸时，他正伏案

读有关吐火罗文的书籍，窗子上的玻璃全被炸碎，玻璃片落满了一桌子，他奇迹般地竟然没有受任何一点伤。我听了以后，真不禁后怕起来了。然而对这一位把研读吐火罗文置于性命之上的老人，我的崇敬之情在内心里像大海波涛一样汹涌澎湃起来。西克先生的个人成就，德国学者的辉煌成就，难道是没有原因的吗？从这一件小事中我们可以学习多少东西呢？（第100页）

另一位是普兰特尔教授。《留德十年》有一段写道：

> 我还在哗啦声（按：英机向哥廷根投掷气爆弹，用以震碎玻璃，故到处有清扫碎玻璃片的哗啦哗啦声）中，沿街前进，走到兵营操场附近，从远处看到一个老头，弯腰屈背，仔细看什么。他手里没有拿着笤帚之类的东西，不像是扫玻璃的。走到跟前，我才认清，原来是德国飞机制造之父、蜚声世界的流体力学权威普兰特尔教授。……他告诉我，他正在看操场周围的一段短墙，看炸弹引起的气流是怎样摧毁这一段短墙的。他嘴里自言自语："这真是难得的机会！我的流体力学试验室里是无论如何也装配不起来的。"我陡然一惊，立刻又肃然起敬。面对这样一位抵死忠于科学研究的老教授，我还能说些什么呢？

紧接在这一段之下，又记述了一位不知姓名的教授"为科学而舍命的一桩事"：

我听说，在南慕尼黑城，在一天夜里，盟军大批飞机飞临城市上空，来"铺地毯"（按：即排成行列的飞机遍地投弹，不留空隙）。正在轰炸高峰时，全城到处起火，人们都纷纷从楼上往楼下地下室或防空洞里逃窜，急急如漏网之鱼。然而独有一个老头却反其道而行之，他是从楼下往楼顶上跑，也是健步如飞，急不可待。他是一位地球物理学教授。他认为，这是极其难得的做实验的机会，在实验室里无论如何也不会有这样的现场：全城震声冲天，地动山摇。头上飞机仍在盘旋，随时可能有炸弹掉在他的头上。然而，他全然不顾，宁愿为科学而舍命。对这样的学者，我又有什么话好说呢？（第76页）

我在前面已经说过季羡林先生的"造次必于是，颠沛必于是"的治学精神了，我希望正在攻读文科研究生的青年同志们，从上引的三段记述和赞佩声中，都能更真切地体认出季先生的这种精神。

《留德十年》全书的行文，淳朴平实，也正如季先生的为人一样。其中既无张扬，也无炫耀，而且更无说教。然而对读者却极富感染力。即如我是一个不曾到过德国和哥廷根的人，而在读过此书之后，不但对于一些经常与季先生互相过从的人们，也有似我自己的朋友一样的亲切之感，对于哥廷根这一城市，我也同样产生了景慕欣羡，有似我的第二故乡一样。

孟子说："闻伯夷之风者，顽夫廉、懦夫有立志。"对于不顽不懦的人所能起的积极作用自更不用说了。我向文科研究生们推荐《留德十年》，也正在期待着他们在阅读后能收取到这样的效果。

（《留德十年》，东方出版社出版，原载《光明日报》1993 年 12 月 31 日）

我对束著《朱子大传》的评价

朱熹是中国 12 世纪内一个最渊博的学者,是集当时儒家学派传统文化之大成的一个学者,是两宋理学家中的一位大宗师。他对儒家传统文化造诣之高深,在宋以前的儒家无人能与之比拟,在宋以后的元明清诸代儒家也无人能与之比拟。他一生的著述和言论(此仅指见于其门人所编写的《语录》中的而言),其内容既包罗万象,其义蕴更深远精微。因此,要想总括他的一生而为之写一部配称"传神写照"的传记,是一件极不容易的事。过去虽已有不少人为他编写了年谱、学案和传记之类的书册,却无一种能令人读来十分满意。而苏州大学教授束景南同志新近出版的《朱子大传》,却真正是一部难得的能令广大读者满意的好书。

说《朱子大传》是一部难得的好书,其根据和理由有如下几点:

一、朱熹的学问包罗万象,集儒学传统文化之大成,《朱子大传》的作者对于朱熹的学问却也全部跟踪，进行了穷原竟委的研究，理解深透，了如指掌，故他能在表述之际，信手拈取，灵活运用，由此及彼，由表及里，随时会使读者有"溥博渊泉而时出之"的感觉。

二、朱熹是一位道学家，是理学家的大宗师，但《朱子大传》的作者并不为过去已有的一些观点所拘束，而是把朱熹作为一个被特定的社会历史背景所孕育成功的一个人，把他作为被特定的文化氛围所造就出来的一个人。《朱子大传》作者是通过其所表述的传主而勾画出了那个时代的特征，烘托出了那个文化发展阶段的一般的与特殊的风貌。

三、从《朱子大传》全书的篇章序列，可以从宏观上看出朱熹本人前后思想发展的历程，变化的脉络，以及他出入二氏百家而最终成为理学大宗师的路径；而以每一章作为一个横剖面，却又正可从微观上看清朱熹生平每个阶段所达到的具体境界。条理井然，眉目清晰。就中随时可以发现作者的深造自得之处。而第十章的"丁酉年：生平学问的第一次总结"、第十七章"己酉年：生平学问的第二次总结"、第二十三章"守吾太玄：生平学问的第三次总结"，全都是从朱熹的学术思想发展历程中抓出其具有阶段性和关键性的问题而予以概括和推阐，分析透辟，使朱熹的思路转变和心态变化都跃然纸上，极为精辟。

四、朱熹的一生是并不平凡的一生：他讲学，与他同时的学者，既有与他志同道合的人，也有与他的学术观点大不相同并与他展开学术论战的人；他从政，既有他的政友，也有他的政敌（且是操持政柄，能对他进行迫害的政敌）。对于与朱熹同时的这些学术思想界和对他大有影响的政治方面的人物，也全部出现在这本《朱子大传》当中，而且对他们大都作了公允恰当的评述。因而这本《朱子大传》实际上又可作为反映南宋历史的一个侧面即文化史的著作来读。它会使读者随时随地受到启发，感到受益。

《朱子大传》作者的抱负，是要使他的这一著作"能成为一个面向世界的了解中国传统文化的'历史窗口'"，读完他的这一巨著，我觉得他的抱负已经完全实现了。

再说几句题外话：80年代前期，美国夏威夷大学召开了一次"朱熹学术国际研讨会"，大陆某君被邀请出席，为增重此君的学术地位，中国社会科学出版社将其新脱稿的《朱熹思想研究》特急印出，使他带着赴会，赠与到会学者。殊不料此书内容极为糟糕：他引用《论语》及《朱子语类》，竟有许多处断错了句！以此劣滥作品分送国内外斯道专家，实在为大陆学术界出丑丢脸。所以，亟应将《朱子大传》大力予以表扬，使其广为流布，使国内外学者得知，大陆的学术界毕竟还有高明学者。并借以涤除掉那本《朱熹思想研究》所造成的污垢与耻辱！

（原载《书城杂志》1994年第5期）

第三编 文化篇

无声的青年界

看过鲁迅先生的《无声的中国》一文后，脑子里老是忘不掉这个问题，所联想到的，是这无声的青年界。

据说疑古玄同先生因李守常先生的被害，所受刺激特大，从那时便立志不再作些兴风作浪的文章。这事情是否确实，不得而知，即使的确，在一个饱经风霜历尽世故的老人，是无怪其然的，而且疑古先生也已经说过很多很多的话了。若在青年，便不应当这样，不应当终日三缄其口，学作金人。因为，所谓青年者，是血气方刚，刚刚混迹于扰攘的社会中，还未曾碰壁过，也不怕去碰壁的。因其刚置身社会中，故对于人事的各方面，倘不是感到新奇，便要觉得过不惯或简直就格格不相入。在这时候，也唯有在这时候，想说的话才格外的多。照道理讲，不该是这样的吗？事实却偏不如此。在五四运动时期，尤其在七八年前的北平，青年界似曾很是热闹过，前一时期的表现是在《新青年》和《新潮》上面，后一时期，则是《语丝》和

《现代评论》正在交锋,《京报》副刊上所讨论的问题也特别多,其时的青年是的确显得活跃而且有生气的。过此而往即不常听到什么呼声了。只将过去的光荣,供作了偶尔追念时的佳话。刊物,有是有的,数量也并不是很少,而大半却是缺乏了充实的内容,没有一点生气。看过之后什么印象也留不下,徒使人悔恨浪费了时间。说是注重思想问题的,所做到的仅是成了一架留声机,响亮倒也有时响亮,却只是机械地制造出来的,不是真的声音。文学上所表现的,则仍是脱不开某种旧的窠臼。如果不写着"我梦着我在做梦",则写些"我的心铅一般灰暗,铁一般沉重……"等等的话,这实已成为极滥的滥调,所谓老调子已经唱完,任何作者都不应再照样制作,它并不能再给予人以真实的印象,于是这声音也等于无声。

到现今,好像"阿Q的时代业已死去"这意见已成定案,这也就是说,现在的中国,已经走过了《呐喊》中所表现的那时代而踏入另一新的时代了。如果真是这样也是好的。但是,就在这新的时代中吃人的惨剧还在连演不已,而其伎俩,较之产生《狂人日记》的时代又已更巧妙更残酷了许多;充满了社会的各个角落的,也仍多阿Q相的人物和阿Q式的动作(如必谓阿Q时代确已死去,则我将称这时代为阿Q的儿子的时代),这不是应该暴露,更应该加以最恶毒、最恶毒的诅咒的吗?但我们的四周却终于寂然无声,新时代的呐喊者呢?

当然,这沉默也有许多的客观的原因在,而其中之一,我是可以设想出来的。几年来统治者的屠杀，使得每一个具有泼刺的生命力的青年，都在在有失掉生命的危险，为了写一篇小说甚至为了读某一篇小说而致杀身之祸的，不知已有多少，其结果，使得本不会明哲保身的青年也觉得不必作这样的无谓的牺牲，因而，不但爽直的话无人肯说，连诗情，也完全被杀尽了。一部分人已日益萎靡起来，低着头，缩着心，踽踽颓丧地过度着无聊赖的岁月，生活中没有半点波浪，没有半点精彩，提起笔时，除了呻吟能更有什么可写呢？另一部分则伤心于舞文弄墨之只足贾祸，便愤慨地抛弃了这生涯而走向更为实际的行动方面去，忙于袭击便不再吆喝了。

但是，如上所述的迫害，只不过是青年界无声的原因之一，而如上所述的两种青年也仅占全部青年中的少数。大部分的知识青年，是一方面不能忘情于社会上的种种切切，一方面为要有体系地洞悉这社会的各方面，又不能完全废弃了书斋的生活。而从连续不断地有着被残害的青年这事实看来，则威武所不能屈的人正还多着。而终于还是无声者，就有点奇怪。

一位朋友曾经向人表白过，他之所以不肯说话者，是由于他"物观透了"之故。对于一切事情和一切人物，自己都已有了一定的尺度去度量，凡如此如此者为对，凡如彼如彼者均错。是非昭然，原不须用言语分说。我承认，多多少少，这总是青年界沉默起来的一种原因。然而，每一个人，对其自己的思想，莫不欲有多数的共鸣者或者大体一致的同路人，尤其是这所谓物观者，正是一般人应该做到而尚未做到的事，那么为什么不将自己所已形成的是非的界限，使着了墨色，以便大众的认取呢？再说到文学方面，也许又有问题在：生活是这般的矛盾，有时想对了"时代的巨灵"——机械，喊一声亲爱的小母亲，有时则为了与一夭好的少女邂逅，而愿写几首充满了"姑娘姑娘"的恋歌，这又怎么办呢？这的确是使人踌躇的问题。然而我想，倘能如实地将这矛盾表现出来，也就是一桩很值得做的事了。我们所处的这时代，原即是处处满含了矛盾的，我们也只有从种种矛盾当中去观察，去把握这时代的姿态，因而，这也就不足为虑。

且怀了坚决的自信，在感到如鲠在喉不吐不快的时候，就从各人的心的深处，发出些真实的粗壮的声音，打破这岑寂的僵局，这是我们在目前所应当做的事。只要大家同时振一振臂，外来的迫害也将无所施其技的。

1933年1月15日 （原载《牧野》1933年第3期）

愿当识途老马

我是搞中国古代史的，我现在虽然已届垂暮之年，但是对于培养接班人，对于繁荣祖国的文化事业，我觉得尚未尽到自己应尽的职责。

新中国成立以后，党对知识分子所采取的政策曾是团结、教育、改造，这当然是必要的。但对于如何使知识分子人尽其才，才尽其用的问题却注意得不够。当时通行的口号是"外行领导内行"，这就导致知识分子得不到充分用武之地。有的老专家在回忆中说：在搞科研的过程中，不但得不到外行领导的支持，还往往遇到拦路虎，致使寸步难行，有劲使不上。我也曾有这样的亲身体会。

还有一种情况是：老年知识分子多半是从旧社会过来的。新中国成立后，他们中的许多人满怀爱国热忱，愿意为培养后继者竭尽心力。如果能够帮助他们提高思想认识，关心他们的工作，使他们发挥所长，他们肯定会做出应有的贡献。遗憾的是在有些地方不能正确地、一分为二地看待他们，以致挫伤了他们的积极性，给工作造成了损失，甚至还使他们受到"与党争夺青年"的指责。像这样，他们怎么能够很好地发挥作用呢？

至于在"十年浩劫"之中，"四人帮"的爪牙竟至公开扬言，对知识分子要进行"热处理"。在那一段日子里，知识分子发挥作用的问题，就更无从谈起了。

党的十一届三中全会的和煦春风使"双百"方针得到了贯彻，使学术界重新活跃起来，使知识分子的思想得到了解放。然而，这时出现的一个严峻的现实问题是青黄不接。在中国古代文史哲的教学和研究方面，这种现象，尤为突出。因为，在其他领域或其他学科可能出现"神童"，而在中国古代文史哲的研究方面，则必须通过"十年寒窗"的苦读与循序渐进的积累。在这方面工作的一些老年同志们，包括我自己在内，都深感已届垂暮之年，怀着一种紧迫感和责任感，切盼尽到自己的职责，以弥补过去虚掷的时光，要把自己的"余热"充分发挥出来，愿做一个识途的老马，尽可能多培养一些人才，多做出一些成果。我自己就很想以革命英雄人物为榜样：小车子不倒只管推。但是，直到今天，对于拨乱反正中的"乱"与"正"的界限，大家的认识也还没有一致。比如，在前年，一提出"清除精神污染"的问题，又一度出现了思想的混乱。在我也发生了"条件反射"，又感觉到大有"山雨欲来"之势。

通过这几件事例，也可以看到，"正"和"乱"的界限划不清，在学术领域中会发生怎样的消极影响。

至于所谓学术上的老化问题，我认为在研究中国古代文史哲的领域内，对这个问题应加具体分析。如果一味墨守成规，不接受历史唯物主义作为研究的理论武器，那确属老化。但是，现在我们是要建设具有中国特色的社会主义精神文明，对于我国古代的灿烂文化，必须加以继承和发扬。为此，必须具备能够理解和应用古典文献的条件。而目前的情况是，有些40岁以下的人，不但读不懂古文，甚至连繁体字也所识有限。所以，我常引用宋代理学家张载所说的"为往圣继绝学"。我所谓"绝学"，并不是指所谓"道统"而言，而是很简单粗浅，是只指古文与繁体字而言。至少要使有志于研究中国古代文史哲的青年们能够掌握这一类基本功，才可满足我初步的愿望。而这也正是我们这批老年人能够发挥作用的地方。

退休制度是新中国成立后所确定的，它体现了社会主义制度对老年人的关注，我认为这是必要的。但是，考虑到我国目前的情况，实行这一制度也应当贯彻实事求是的原则，具体问题具体解决，而不应当"一刀切"。不要仅以年龄作为退休的标准，还要考虑到实际工作的需要、其人的学术水平和健康条件。现实的问题就很清楚，有一些高龄同志仍在孜孜不倦地坚持学术研究工作。对于这部分人是否可以不考虑其退休问题呢？但若已到退休年龄而健康状况欠佳的人，则可按制度办理。在国内一些高等学校中，教授、副教授的名额有一定限制。老的不退，中年难升，是否可以参照解放以来中央及地方都设置文史馆的办法，在高等学校中，也把这些年老而仍能工作的人员组织起来，作为编外人员，"另册"处理，使其继续能为精神文明的建设服务，直至死而后已呢？

(原载《群言》1985年第2期)

对待传统文化要有战略眼光

我只能扯些空的,也许是多余的话。

我这几天在这儿听到同志们反映的各地情况,结合着我自己的一些所见所闻,谈一些感受。我的确感觉到现在搞文史的,搞古典文献的,搞中国哲学史的,从整个的大的气候来讲是处于一种低潮。谁也不愿意干,青年不愿入这个圈子,学历史的也不愿学,中国史不愿意学,学世界史是为了争取出国的机会。中国文学史、中国哲学史、古典文献等学科报考的很少,当教员的也鼓不起勇气,所以处于一种颓势、一种低潮。我觉得我们现在有责任来担负起这个"回狂澜于既倒"的任务,我们必须有这个雄心壮志,我们委员会必须负起这个责任来,解决青年人的思想问题。

我昨天给四川大学历史系研究生讲了一次,讲的主题是:要继往开来。为了开来,必须能够继往。我跟他们说:你们自己必须用战略的眼光来安排自己的前途,不要因为目前写了文章发不出去,留在学校工资也少,找爱人也不容易,找房子也有困难而沮丧,这都是些暂时的困难。为什么呢?我们现在的国家,一个有11亿人口的国家的建设,是要按一定的步骤和章法的。孔老夫子就已懂得这个规律了。他周游列国,到了卫国,卫国在当时的列国当中是处于"第三世界"的,生产不发达,却专致力于人的生产,生生不息,以致人口非常之多。孔老夫子一看,说道:"庶矣哉!"感觉到人很多。孔老夫子如果复活了,看到今天中国的话,那更不得了啦,这"庶矣哉"三个字怕不行了,不知他要改用什么词啦。"庶矣哉"之后怎么办?曰:"富之。"就是叫它搞活经济,使人们首先能够生活。我们目前就是搞这一步,11亿人首先必须有饭吃。有了饭吃之后怎么办?"教之",搞精神文明建设,实行义务教育。所以我们的六中全会才提出这个问题来,精神文明建设必须跟上去。我们今天不但人人能吃饱饭,而且绝大多数的农民也全吃细粮了。我们在10年以前,不可能想象有今天这个局面,因此,我们在抓起精神文明建设以后,目前存在的种种问题也同样是可以解决的,这只能说是目前存在的暂时的困难。就是说出版、职称等问题,到了一定时候是自然可以解决的。所以我说青年人要真有雄心壮志,搞文、史、哲、古文献的,要立定志向,做我们文化建设的有用人才。就是说必须能够把我们的优良的文化传统很好地加以继承,才能够开展将来的一个新局面。

我们建设的精神文明是什么?是具有中国特色的高度的社

会主义精神文明。这个中国特色的责任就在我们身上，在我们搞中国文、史、哲、文化史、古籍整理的人的身上。因为从这些里头才可以发掘中国的文化究竟哪些是精华、是应当继承的，哪些是应当批判的，这个责任必须由我们承担起来。同志们谈到专业的问题，古籍整理，比如说挂一块牌子，"中国古籍整理研究所"，或"中国古文献整理研究所"，都是必要的。这方面人才我们必须大量培养，而现在这个局面无论如何是不行的。我认为要提高"中国古文献学"这个学科的地位，加强这个学科的力量，尽量多地招收这方面的学生。我的意思最好是在各大学历史、中文、哲学等系的本科毕业生中招收学生学习古文献学，多培养几年，办研究生班，而且要多办，使他们能承担这方面的工作。这就是说要继往，要能够达到批判性的，能够达到去粗取精、去伪存真。必须达到这个目的，才能建设具有中国特色的高度的社会主义精神文明。

不能够批判地继承，是要出现许多问题的。现在一说孝父母，死了父亲，一些迷信的东西都起来了，这就说明文化水平很不够。究竟中国的文化有没有可以继承的，刚才夏自强同志谈了，现在有许多是海外奇谈，许多舶来品，认为中国人也不行，中国文化也不行，中国什么都不行。但我们自己呢，有许多人也在这样说，中国的文化没有可以继承的。去年冬天上海开过一次中外文化交流会，在座的我也不知有没有参加那个会的，听说在那个会上就有许多人放言高论，也不一定都是舶来品。有些人就认为中国传统文化没有可以继承的,我们现在应当照胡适所提出来的"全盘西化"。当时就有一个外籍华裔学者当场提出来:"胡适在什么地方提这四个字呢?我对胡适的著作几乎全读过,我只发现胡适对中国传统文化是一个很下力气的人,他第一部著作就是《中国古代哲学史》嘛,第二部就是《白话文学史》,其间,还研究中国古代的小说,像《水浒》《红楼梦》等,那应当是用现代方法整理这些东西的开山祖。"就是说我们自己也有些错误的看法,认为我们的传统文化不值得继承。

还有一种看法,说中国文化是封闭型的,不能够接受新鲜事物。这也是完全错误的。举中国文化史上一个最大的事情讲:佛教文化就不是中国土生土长的,不是都已接受来了吗?我们现在所说的儒家的哲学,事实上,从宋以后,儒家都是儒、释、道的混合物,不管陆象山也罢,朱熹也罢,都是这样的。尽管有人说陆象山受禅的影响大,朱熹受道的影响大,不论怎么样,他们都是三位一体的;朱晦庵受佛教影响也不小。所以我们单谈这个系统,就是接受外来文化的。佛教文化在隋唐时期渗透到社会的各个阶层,它的思想、仪式等弥漫于全社会。与当时的儒家比,佛道两家几乎都占了优势,所以宋朝儒家觉醒起来,与佛教展开了斗争。儒家为了跟佛教斗争,它非尽量吸取佛教的东西不可。这在任何一次文化的交流中都是如此的,斗争双方在互相排斥的过程中,互相渗透,互相吸取,互相改造。所以在这种情况下，我们中国文化是吸收了各种有益的外来文化的。我们的音乐、艺术、建筑等都是如此。就说我们现在的民族乐器，不晓得是混合了多少个民族的乐器，就"胡琴"这个"胡"字就包括非常之广，这个"胡"不限于匈奴，也不限于新疆，而是包括广大的西域，包括中亚、西亚，甚至更远的地方。怎么能说我们的文化是一种封闭型的呢？是在小农经济的基础上建造起来的，不适合于现代化的建设呢？这都是不对的。秦始皇修个万里长城，这是小农经济基础的具体体现吗？秦始皇墓旁的兵马俑，里根看后就非常惊叹的，他那个美国人怎么能想象这个呢？

关于中国文化，海外有些奇谈，但也有些"正谈"。大家在报上可能都看到过了，《人民日报》半个月前有一个报道，题目是"为中国古代文明欢呼"。内容就是说李约瑟著了一部《中国科学技术史》，现在又有个坦普尔根据这个书加以通俗化，写了一本书，书名叫《中国——发现和发明的摇篮》。我们驻英大使馆为了此书的出版，代表中国的人民、中国的国家举行了酒会，请了李约瑟、坦普尔等人，祝贺此书的出版。这本通俗的书说明了什么？这次酒会上有些发言，其中李约瑟说，中国文明对世界的贡献，不论是东方人、西方人现在一谈就是四大发明，其实何止是四大发明，发明够 100 项之多。他就提出了农业上的发明创造、工程上的发明创造、医学上的发明创造、音乐上的发明创造、数学上的发明创造、军事上的发明创造等等。

比如《孙子兵法》，是什么时候出现的？欧洲的兵法书是什么时候出现的？他说，但是今天无论东方人、西方人对于中国传统文化都认识不够。这也包括我们中国人，我们的教科书说来说去就是四大发明，说得也贫了。他们大谈我们文化的优良传统。他们说，近代欧洲出现的有一半东西的基础是建立在中国人的发明和发现之上的。他就比恩格斯扩大了范围了，恩格斯说有了奴隶制才有了希腊的文明，才有了罗马帝国，然后才有近代的欧洲，才可以有社会主义。现在根据李约瑟的说法，中国文化至少是占一半的力量，跟希腊、罗马平分秋色。而这些事情由一个外国人发掘出来，我们中国人到今天没有发掘出来。

我们的文化史到今天来讲，各大学里能够开出这个课来的很少，开出来的质量也不高，或者说范围也很小。有一次在北京开会，钱学森同志就谈到中国文化史的问题，他就说文化部长跟他说了，我们的文化部只管小文化，范围很有限。就是管出版社和图书馆、剧团什么的，当时还管电影啊，现在电影也分出去了，成立了电影电视部，我们管的文化就更小了。他就说关于科技的问题，关于教育的问题等，都不在他们管辖范围之内。我们讲文化史的恐怕也只能讲一些小文化史，等于一个中国通史后边的第四部分，这是科学、思想、文化、艺术部分，非常狭隘的。因此我们现在有一个非常艰巨的任务，一个非常迫切的任务，我们必须承担这个任务。就是说不是李约瑟他们已经发掘完了，他们已经说尽了，我们不必再重复他们的了，绝对不是。因此，我们必须对古典文献、中国古代优良的文化传统加以发掘。过去说我们的传统文化只是精神方面的，凡是科技、物质方面的都没有，这话是完全错误的。

有人说中国文化是静态文化，梁漱溟先生有《东西文化及其哲学》一书，现在任何开文化学方面的会都要请这位老先生出席。我跟许多老先生不能说划代沟，但跟这一位老先生却要划代沟，我虽然只比他小了十几岁，但必须跟他划代沟。他的思想实在不是现代的思想，他还是20年代的那一套，我在上初中一年级就念他的《东西文化及其哲学》，今天还是那一套。但是除了他的那种议论之外，还有许多其他的观点，中国文化是静态的文化，专讲精神一方面的。就说四大发明吧，也不完全是精神文化，也都是物质性的。因此我们责无旁贷，我们不能全部让给外国人去，让给英国人、日本人、美国人、俄国人去。我们要建设一个新的文化，必须有继承。

我说要开来，就是要建设一个具有中国特色的高度社会主义精神文明。我们这个时代，不但搞文科的，搞任何学科的都面临这样一个任务。但是继往的任务却大部分压在我们肩上，搞中国的历史的、中国文化史的、中国文学史、哲学史的等等。我们必须把"往"搞深搞透，应当能发掘出我们宝贵的遗产。我们自己过去不也是说，我们三千年的封建社会创造了许多灿烂的文化吗？我们必须自己发掘出来，光停止在口头上，停止在空话上是不行的。说创造了灿烂的文明，你这灿烂的文明是什么呢？对今天有什么用呢？我们今天许许多多文化都是外来的，从外边学来的。李约瑟说，中国的文明到了15世纪不行了。进入15世纪我们是一个什么样的时代呢？朱元璋建立的明王朝是从14世纪的最后30年开始的，它是一个极权主义王朝，它的专制主义发展到极权，而清朝又继承了这个极权。这种专制主义影响了我们思想的发展、科技的发展、文化的发展，大量的读书人光顾搞八股文去了。不受这种影响的，就写《金瓶梅》去了，《金瓶梅》是否有可取之处，那是另外一回事。总的说来，由于受专制主义影响，15世纪以前的优秀文化传统未能继承下来，而到今天我们又重新提出了"民主""科学"，过去提出来过，但一直也没有实现"民主""科学"这两个东西。请"赛先生"，请"德先生"，在五四运动时不是就这样说吗？但我们都没有请到家。今天我们事实是如此了，体现在我们的国家、我们党领导的一些政治措施，都是向着民主化、科学化前进的。决策首先提出来的是民主、科学的决策嘛，在这种时代，我们就要把15世纪后受到摧残的灿烂文化继承、发扬下来，适合于现在的文化建设，适合于现在的四个现代化。

我们应当解决青年人中的思想问题，使他们认识到我们的工作大有用武之地。我昨天跟四川大学历史系的研究生讲，应该用战略的眼光处理自己的前途，决定自己的前途，我就说，你现在如果为了目前，为了找一个爱人，为了找一个房子住，为了提高点工资，都想去政界，去当一个秘书，或者一个科长，但我说你下了任之后,你做什么去呢?比如说做周老的秘书,那周老离休后你做什么去呢?就是说你就应当努力去干你的专业,坚守你的岗位。目前是有困难,但不是不可克服的,而且现在正在抓两个文明建设,抓的过程中会解决这些问题的。真正有了有质量的著作,出版社是会给出的。今天有许多不正常的状况,这是暂时的,克服这个暂时困难你就有了安身立命之处了。我们现在也是如此,我们对于古籍整理研究要大量招接班人,要他们立定志向去坐冷板凳,钻故纸堆,而且要钻得深,吃得透。现在不是有人提出信息论吗?我认为,要认识和了解古代的社会和历史,要理解古人的思想,必须向古籍当中去寻找、去探听大量的信息才行。这就是说,叫他们受到一些科班的训练,不受科班训练就容易出问题。我们现在在整理和校点古籍的过程中,就陆陆续续出现了一些问题,甚至于一些老先生也是如此。我看到一个刊物上批评顾学颉标点的《随园诗话》,清代袁子才的《随园诗话》应该是容易标点的吧,可是他竟弄得错误百出,还是老先生标点的;中华书局出的《古籍整理研究情况简报》给登出来的,简直不像话。

我们自己首先应当挺起腰板来,解决思想问题。我们不是说对四个现代化没用处,我们是最需要的,具有中国特色就需要我们,如果不"继往",没法接受新鲜事物,无法接受外来思潮。我们旧的东西都抛弃了,那就好似十月革命后苏俄的"无产阶级文化派",这种派是成不了气候的。它就是想资产阶级的什么东西都不要,这个是不行的,所以受到了列宁的批评。历史上任何一个阶级社会当中,所有有益的文化,我们必须都吸收过来,才能建设一个共产主义的文化。我们现在也是如此,过去的东西不继承是不行的。继承的任务就在我们身上,我们的队伍必须扩大,然后才能够建设具有中国特色的精神文明,才能够承担起这个任务来。光是我们今天在座的诸位,再加上我们培养的古典文献专业的学生是不行的,无论如何是不够的,差得很多很多。靠我们就能建设具有中国特色的精神文明?我看不行,我们只能说是其中的一分子。我们的力量太薄弱,应当大量扩大,而且应当大力宣传。招生,我想应当先把这个学科确定下来,比如"中国古典文献研究"这样一个名称,招研究生也罢,招研究班也罢,对他的提职及各种问题也容易解决。必须大做宣传,甚至于招生广告上一定说明白他们的前途是无限光明的,你尽一生的努力也做不完,将来的职业等问题都是有保证的。但是,像刚才杨明照先生所谈的,必须多给他们训练。同志们也反映了现在学生的一些问题,进来之后不安心坐冷板凳。现在得奉劝他们进来之后必须钻一阵故纸堆,坐一阵冷板凳,这是不可避免的,必须在寂寞的角落里埋头苦干一阵子。这个"苦"是会换到将来巨大成果出来的,那成果就是经济效益和社会效益双丰收。必须如此,才能对我们的国家、民族做出我们的贡献。(根据录音整理,经本人审订)

(原载《高校古籍工作通报》第 19 期,1986 年 12 月)

中国文化的继往与开来

时代赋予我们这一代人（老中青都包括在内）的历史使命，是要建设一个具有中国特色的高度物质文明和精神文明的社会主义新中国。

我现在只谈关于精神文明的一面。

既然要建立具有中国特色的精神文明，那就必须首先对中国的传统文化加以批判地继承，亦即剔除其封建性的糟粕，吸取其具有民主性和科学性的精华部分，用经过筛选而引进的（即鲁迅所说的拿来主义）国外的新理论、新知识、新技艺、新学说、新思潮，加以充实、补充和改造，使其具有新的生命和新的活力，在建设新时代的进程当中，能发挥其宏伟的作用。

近年来，关于中外文化问题的讨论，十分热闹。但是，根据我所看到的部分现象来说，似乎有不少人要把中国全部传统文化的价值尽量贬低，有的甚至要全盘予以否定。我以为，这是过分地失之偏激了。他们贬低乃至否定中国传统文化的理由之一，是说，中国的传统文化，全部是建立在个体小农的经济基础之上的，保守性、局限性极大，不能接受外来的新鲜事物。我以为，这个论点是不能成立的。首先，我们应当记取恩格斯在1890年《致约·布洛赫的信》中所说的，"历史过程中的决定性因素归根到底是现实生活的生产和再生产。……这里表现出这一切因素间的交互作用。……否则把理论应用于任何历史时期，就会比解一个最简单的一次方程式更容易了"。人类社会文化的发展，固然是以经济基础为其终极决定因素，但毕竟它还有其自身的相对独立的发展道路和轨迹，经济基础与文化发展并不是一种立竿见影的关系。大量的中外文化交流的历史事实也都证明上举论点是站不住的。单拿从印度输入的佛教为例。佛教的传入是在东汉时代。传入以后，在拓跋魏和北周，在唐朝和后周，虽都曾有最高统治者出于政治的原因而"毁灭佛法"的事，但总的趋势却是，佛教、佛学基本上在社会人群中日益盛行，日益得到更多人的信奉。唐朝后期有些学士大夫们的排佛，正是因为佛教地位已经凌驾于儒家之上的缘故。但即使那些竭力排佛的人，也都或多或少地接受了佛教的许多影响。例如韩愈，虽自称是一个抵排异端、攘斥佛老的人，然而他的那个"尧以是传之舜，舜以是传之禹……"的道统论，就是在佛教徒们的"定祖"的影响下提出来的。宋代的理学家们，从二程到朱熹，对韩愈的思想学识都不甚推崇，对于他所提出的这个道统论，却无不信奉、坚持。宋代一些大学者和思想家，如王安石、周敦颐、二程、朱熹、陆九渊等人，也无一人不深受佛教思想的影响。若非吸取了佛学的一些内容以充实儒家学说，宋代儒家学派的义理之学（不专指"理学"这一流派）是不会达到那样的深度和高度的。这是中国思想史、文化史、学术史上的极大重要事件，它雄辩地说明了中国的传统文化并不是保守型和封闭型的。

贬抑或否定中国传统文化的另一理由是，中国传统文化主要是属于精神方面和伦常道德方面，不像西方文化那样主要是讲求物质文明方面的。我以为，这个理由也同样不能成立。造纸术、刻板术、火药和指南针的发明，全都是中国人在物质文明方面对全人类所做的巨大贡献，这已是人尽皆知的事。此外，据研究中国科技史的专家英国的李约瑟和坦普尔所说，在世界赖以存在的重大发明创造中，有一半来自中国。他们举述了农业、天文、工程、数学、医药、音乐、军事等达一百来项。他们说，在15世纪以前，在科学的发明和成就方面，中国一直处于世界领先地位，而中国人却未能充分利用自己的知识宝库；西方的现代科学技术成就，是建立在中国人的知识基础之上的。这正好说明中国传统文化在物质文明方面的贡献何等巨大。

恩格斯在《反杜林论》中曾说："没有奴隶制，就没有希腊国家，就没有希腊的艺术和科学；没有奴隶制，就没有罗马帝国。没有希腊文化和罗马帝国所奠定的基础，也就没有现代的欧洲。"根据上引李约瑟等所说的那些话，我们应当对恩格斯的话进行补充说：现代欧洲的出现，古代中国人的知能所做的贡献，至少也应与希腊文化和罗马帝国的贡献平分秋色。

在为社会主义的新中国建立新的精神文明之时，为什么不可以全盘西化，而还必须建基于中国的传统文化（这里是只指其具有民主性和科学性的精华部分而言）呢？这道理原也十分简单：如同各种花草树木之嫁接一样，没有一株茁壮发育的本根，移植来的新苗是不可能得到良好的成长的。

仍然以佛教在中国传布的历史来说：在魏晋和南朝，它是因为和在中国已经盛行的玄学相结合而得以盛行的，而玄学则是老庄思想与儒家思想的混合物。兴起于6世纪后期的天台宗，是佛教中吸取道教义理（中国的土特产）最多的一个宗派。禅宗所倡导的"顿悟成佛""明心见性即证圣境""佛性本自具足，三宝不假外求"等等论点，亦皆渊源于魏晋玄学，而非来自印度。而从唐代后期以来，禅宗的思想体系对中国的学术、文化、思想界以至诗歌的创作上所发生的影响之大是难以计量的。但是，那位亲往西天取经的玄奘法师所传的唯识之学，却只有短时期的兴盛而旋即消歇，个中原因，即在于他不把唯识之学与中国原有的某种思想、学说相结合，而要完全保持这一学说在印度的本来面目（亦即全盘印度化），所以在中国就不能扎根久存。这正可以供全盘西化论者的借鉴。

中国文化（包括物质的和精神的），在7世纪至13世纪这几百年内，不但达到了中国封建社会历史时期内的最高峰，在全世界也还居于领先地位。其落后于欧洲，应是从 14 世纪末叶，亦即朱元璋建立了极权主义的明政权之后开始的。正当欧洲人大步迈进文艺复兴的时期，中国人遭逢到的却是极权的封建专制，文化专制主义也同时开始。读书人中的绝大多数都必须习作八股文以应付科举，以求进身之道。科举虽开始于隋唐之际，唐太宗虽也对科举制度踌躇满志地说"天下英雄入吾彀中矣！"宋代虽又把科举取士的名额大为扩大，但那时的考题，不论诗、赋、策论或经义，都是出自广泛的典籍中的，而答卷的文字也并不依照一定的格式，所以还并不构成思想上的一道紧箍咒。八股文则既规定了固定的格式，还规定必须从"四书"中出题，更规定必须依照朱熹的注释做答卷，这叫作代圣人立言。事实上，后来为了避免题目重复，便有了所谓截搭题（即截取上文中的一句或半句使与下文中的一句或半句搭配成一道题目），这就连朱熹的注释也不能搬用，而只能凭临时的胡诌了。把广大知识分子的聪明才智都枉费在这种无聊的概念游戏上，如何能使文化更向前发展？只有能够自觉地摆脱掉这种牢笼的人，像李时珍和徐霞客那班人，才真能对人类文化做出杰出的贡献。而考试八股的这一制度竟推行了 500 多年，其流毒至今还未能清除净尽，故仍然常有洋八股、土八股以及党八股类型的文章在报刊上出现。

既然近几百年来中国文化的落后主要是由于极权的文化专制主义所造成，所以在 1919 年的五四运动中就要从西方引进民主与科学,以求把我国文化重新振兴。但一方面由于军阀的混战,另一方面则因大量的知识分子投身于推翻三座大山的革命斗争,而解放以来的30多年,则又由于"左"倾思潮的影响,一直不能步入建设文化的正轨,致使引进民主与科学以振兴中国文化的目的至今未得全部实现,仍为今天我国文化界的全部从业人员必须继续尽最大努力去承担的一个艰巨任务。

今天的中国,是昨天和前天的中国的传承实体;古代典籍文献的遗存,则全都是中国传统文化的载体。只有向这些典籍文献遗存中去尽多地探索一些信息,对中国古代的社会历史才能具有真切的认识。因此,对于传统文化的价值,我们必须有正确的认识和估计。近来我常常听到和看到一些议论,有的说中国的传统文化遇到了挑战,有的则说遇到了危机。说遇到挑战,我承认,但我认为,挑战是促使文化进步的好事而非坏事。不论哪个学术文化部门,如果不随时迎接新鲜事物的挑战,那就必然会安于现状、故步自封了。对于危机之说,我则以为这必是出自根本不知中国传统文化为何物者之口,因而是完全错误的。因为,危机云者,即面临绝灭之意,中国各民族所共同创建的传统文化,虽从15世纪以来即落后于欧洲,但它毕竟已经传承延续了四五千年,单是这一事实,就充分证明,它必然具有不会绝灭的存在价值和生命力量。一时的落后可以急起直追,输入新的血液,使其重新焕发青春活力。而何况,必须进行认真的研究,才能对传统文化的精华和糟粕具有鉴别能力,才能知道何者应当发扬，何者应当鄙弃。又何况，在传统文化的宝藏当中，还有许多有待我们去垦辟、去开拓的领域呢。更何况，在已经涉足的一些领域当中，例如在历史学方面，对于古代史学家们的史学理论和史学方法的推阐；在思想史方面，对于历代大思想家的学说真谛的探讨；在文学方面，对于许多大文学家的名著的思想性和艺术性的解析；在医学方面，对于古代医学典籍的整理研究，以至对于针灸、气功等医疗方法的科学解释；等等等等；至今都还有待于深入的钻研和探索。这都只有赖于以新的思维方法制订新的研究方案，而决非危机。

总之，为了很好地开来，离开批判地引进不行，离开批判地继承也同样是不行的。

(原载《北京大学学报》1987 年第 5 期)

国际宋史研讨会开幕词

各位先生，各位专家、教授、学者：

今天开始举行的会议，是在中国大陆召开的第二次国际宋史研讨会。第一次，是由北京大学与杭州大学共同主办，而在杭州举行的；这一次，是由北京大学与河北大学共同主办，而在北京举行的。

任何一个民族、一个国家的文化，都是人类社会总体文化的一个组成部分，在整个人类社会文化的发展进程中，总都或多或少地做出了它的贡献。宋代文化发展所达到的高度，在从10世纪后半期到13世纪中叶这一历史时期内，是居于全世界的领先地位的，为求能够全面地、正确地、深入透彻地予以剖析、说明，并做出公正的评价，这就需要运用多种视角、多种尺度、多种思想方法和思考方式来进行研究，进行观察，进行探索，进行衡量，才庶几可以做到。因此，单靠汉族中的某些人致力于此是不够的，单靠海峡两岸中华民族中的某些人致力于此也还是不够的，必须具有多种文化背景和思想体系的学人才能搭配成广角镜和透视镜，共同完成这一任务。

尽管如上所说，在从10世纪后半期到13世纪中叶这一历史时期内，两宋文化发展所达到的高度，在当时的全世界居于领先地位，尽管我们可以并不夸张地说宋代文化的发展高度可以称之为中国历史上的文艺复兴时期（在国内外，也都曾有人这样说过），然而在近代，对于两宋的一些历史现象、历史事件、历史问题、历史人物，以及各种典章制度和科技发明，认真地进行现代化的科学研究，不论在中国和东西方各国的历史学界，都是起步较晚的；商周史、秦汉史、魏晋南北朝史、隋唐史以及蒙元史的科学研究，不论在国内和国外，其起步都是较宋史为早的。其所以出现这种情况的原因，当然不止一端，但甲骨、钟鼎的大量出现，促进了商周史的研究，竹简木牍的大量出现，促进了秦汉史的研究，敦煌吐鲁番文书的大量出现，促进了魏晋南北朝和隋唐史的研究，等等，总应为主要原因之一，这些新史料的出现，吸引了许多学者的注意力，因而出现了许多具有创获创见的新颖的研究成果。在宋史方面，没有出现上述种种具有极大吸引力的新史料，所以一时间出现了比较冷落的场面。实际上，由于刻板术的开始盛行，庶族地主在社会上的大占优势，科举制度使社会人群的文化水平的普遍提高等缘由，宋代朝野上下各阶层人群留传给我们的史料，与它以前各代旧有的和新发现的史料加在一起相比，也还是为数多得多的。这就使宋代历史的研究者们，不论人员有多少，不论想要致力于哪一方面，哪些问题的研究，每个英雄总都可以有用武之地。近几十年，特别是最近10多年来，我国宋史研究有较大的进展，取得可喜的成绩，但还是很不够的。所以，我们不只希望海峡两岸的中国学者，有日益众多的人投身于宋史（更正确地说，应是指辽、宋、夏、金史，亦即10世纪至13世纪的中国史）的研究，也欢迎东西各国的学者，有日益众多的人致力于此。对于从国外不远千万里而来参加这次会议的各位学者，对于你们已经做出的有关宋代或辽、金、西夏的研究成果，我代表国内的宋史学者在此对你们表示由衷的钦佩和感荷。同时，我们对此也深有遗憾，就是：由于某些客观原因，虽然国外的同道们有了一些高质量的研究成果，我们却都不能及时地翻译成中文，不能使史学界的广大读者尽快读到，使它们起到应有的作用，我们又要在此表示深切的惭愧！

谢谢大家。

1991年8月10日于北京

（原载《国际宋史研讨会论文选集》，邓广铭、漆侠主编，河北大学出版社，1992年8月）

研究传统文化要与社会主义建设相结合

我们是在建设具有中国特色的社会主义文化，大量吸取外来文化必须与中国传统文化相结合，唐代玄奘的唯识宗之所以后继无人，就是因为没有与传统文化相结合，失去了生根开花的基础。毛泽东思想就是把马列主义与中国革命实际、与传统文化相结合的典范。我们中华民族的文化在世界处于领先地位，英国李约瑟博士的《中国科技史》对中国文化作了很高的评价，我们有责任把传统文化研究好，与社会主义建设相结合，决不可妄自菲薄。我们的工作是社会主义建设所需要的，前途是光明的。《规划》把科技古籍与少数民族古籍整理作为重要方面，还提出了要利用各方面的力量把散失在海外的古籍搜集起来，都很好。

这几年来，古籍整理工作开展得还是很好的，但是目前社会舆论方面对古籍整理工作还有一些问题。社会上还存在着一种否定传统文化的倾向。我们要做"优化环境"的工作，要加强对古籍整理的宣传鼓动工作,加强社会舆论的宣传,造成一个良好的"生态环境"。要使大家明白,只有"批判地继往"才能"顺利地开来"。中华民族传统文化的优良部分,一直到15世纪为止,在世界历史上是具有领先地位的,对人类社会的贡献不可埋没,这一信念不能动摇。要鼓励搞人文科学的年轻人主动地、自觉自愿地去做古籍整理工作,这也是搞这种学科的人的一种必要的训练。不要让他们感到被动,感到灰溜溜。另外古籍整理不单纯是整理国粹,也要使这项工作现代化,为建设有中国特色的社会主义服务。

(见《全国古籍整理出版专家学者的一次盛会》,国务院古籍整理出版规划小组办公室编,1992年)

谈古籍整理的使命感与责任心

诸位先生,上面各位先生的发言都是很有准备的,都写成了文字。主任先生指定我做一个临时发言,即兴发言。我的准备很不够。我想谈两点意见。第一,我们整理古籍的历史使命感应当加强。为什么?我们现在提出来的口号是要进行国情教育。要进行国情教育,离开我们传统的文化就没法进行。我们要建设一个具有中国特色的社会主义新中国,建设社会主义的新的精神文化、物质文化,这几个现实任务,都逼迫我们对古籍的整理必须加强。我们今天的文化当然有许多是新吸收进来的,比如说马列主义是这个世纪之内吸收进来的。但是马列主义在中国取得根本的基础就是必须跟中国文化相结合。正如毛泽东同志所说,中国的革命,甚至任何一个国家的革命都是如此。就是说,马列主义的普遍原理和中国的革命具体实践相结合,然后才能够取得胜利。文化的建设也是如此,必须把马列主义的原理跟中国的传统文化相结合起来,才能够在中国生根发芽，发挥巨大的作用。

中国文化的进展正如大家所常说的，"长江后浪推前浪"，"一浪高过一浪"。中国文化的发展、历史的发展也是如此，都是后浪推前浪。因此，前浪与后浪是不可能隔断的。所以古代的东西必须得到充分的整理，吸收其民主性的精华。这就是说，在建设我们的新文化时，传统文化在我们的国情当中，是一个很主要的组成部分，加强了我们的责任感，使命感，必须得很好地整理，使它现代化，能古为今用，能面向世界。我们中国的文化几千年来，曾经很长时期在全世界居领先地位。到了15世纪以后，明朝的集权专制主义加强以后，对于文化的发展起了很大的破坏作用，致使此后便落后于其他国家。在此以前，中国的文化都是居于领先地位的。单就今天的一些情况来说，一部《孙子兵法》在全世界起的作用大家都知道。而且《孙子兵法》所起的作用决不限于兵法，不限于在军事方面，不限于在战争方面，被其他国家用在各个方面。甚至我们的一部《三国演义》，大家也知道，现在在《参考消息》上，经常说某些国家的人用在企业上，企业管理、企业规划等方面。所以以此为例说明，我们为了面向世界，面向未来，为了进行我们的国情教育，为了建设我们具有中国特色的社会主义新文化，都需要我们加强古代文化的系统的整理工作。只有通过我们的整理，才能吸收民主性的精华，剔除封建性的糟粕。我们的领导同志提出希望大家为了进行国情教育，对于近现代史的研究必须加强。那是提到的一个方面。我们作为古籍整理的一员，不能够说我们就被排除在进行国情教育之外，不是重要的一环。这是我想说的一点。

第二，我想说古籍整理当中出现的问题。这都是零零碎碎的事情。出的问题不出现在我们这个古籍整理委员会当中，不出现在我们古籍整理委员会任何一个成员之上，先说明这个问题。我们是认真严肃地从事这个工作。但是在社会上有许多自发的，他们也在整理。但这个目的倒不是像我们现在这样，是在为政治服务，为进行国情教育，为了建设新文化，而只是或者为了赚钱，或者为了其他什么东西，造成了很坏的影响，给我们身上抹黑，给我们脸上抹黑。人家不知道这是不是古籍整理委员会搞的。这是一种不正常情况。

我记得，在30年代，当鲁迅先生还健在的时候，有人胡乱标点古书，希图赚钱，被鲁迅先生口诛笔伐，斗争了一大阵。也是30年代前期，在上海的几位略有名气的文化人，领衔主编了一套《中国文学珍本丛书》，其中包括一部《金瓶梅》，当然是为了销路的关系，主要是晚明的小品，公安派、竟陵派还有其他的一些笔记以及《水经注》等等。出了之后，那简直是糟糕得不得了，包括《水经注》，那简直就读不通，尽是标点错误的文句。甚至于袁小修的日记，是明末的散文，应当是很容易点的，也居然点错。他里面引用的诗句，标点者竟不知道是诗句，就点成散文了。也都点成既不是七言诗，也不是五言诗，而是三个字一句、五个字一句，就这么点起来了。当时鲁迅写了文章，不止一篇文章。我也曾经写过文章。我写的文章，领衔的主编人还曾写文答复我，而鲁迅又针对他答复我的文章写了一篇杂文加以讽刺。后来知道了这些书的标点者不是那些挂名的人，真正的动笔标点者，乃是"四人帮"当中的张春桥。当时标点书籍的行情大概是，不论哪种古书，每1000字两块钱，当时张春桥在上海生活没着落，经济上没着落，他对于古书不论什么也没念过。挂名标点者们把某种古书交给他，每1000字给他一块钱，挂名者并不动手，每1000字干赚一块钱。可是骂名都集中在他们身上。张春桥一出马做社会工作，就是这样一个专干坏事的人，所以后来他就成为"四人帮"，是有他的历史根源的。这里所说，是在半个多世纪以前，经人组织的一次比较大规模的一次标点古籍事件。他们那个时候选了多少书呵，我记不清楚了，反正是选了几十种，总在四五十种吧，都标成这样。

我们现在各地出版社出的标点本古书也有许多是如此的。把诗标点成散文，把散文标点成诗的情况也有。不是我们在场的人，不是我们有计划有组织地编辑点校的。譬如说，北宋一位著名历史人物，范仲淹，是苏州人，他有些后代现在是华侨，要为范仲淹举行纪念会，而且要搞得隆重一些，于是就搜集了范仲淹的图像，收集了赵子昂画的范仲淹的读书图，收集在一起，而且收集了不见于范仲淹文集的许多东西。例如，他的朋友与他来往的酬唱的诗文，或者是其他的东西，出了一本《范仲淹史料新编》，印得很好，十几元钱一本，并不是很厚，有插图，例如范仲淹的画像，就是印的彩色的。但此书的标点那就是荒唐透顶的。我以为，以这样的纪念册来纪念范仲淹，既侮辱了范仲淹，也侮辱了范仲淹的做华侨的后裔，即那些出资来编这书的人，也侮辱了这本书的读者。对于读者这完全是一种侮辱。这是一事。另一个北宋的著名人物，苏颂，他的后代也是有很多是华侨，也拿出钱来出苏颂的全集，《苏魏公文集》，开了纪念会。出全集当然要标点，也标点得错误百出，书出来后也送了我一部。我翻阅了一部分，觉得有些标点的错误是令人不能原谅的。也是既对不起苏颂，也对不起苏颂的后裔拿钱之人，也对不起社会上的读者。但是这结果抹黑要抹到我们脸上来。这个事情我们应当考虑究竟怎么办。他们也没委托我们，他们委托的可能是很少读过古书的人标点的，这又是一事。

对这种情况究竟怎么办？我们为了真正弘扬中国的文化，真正地把我们的一些值得表扬的历史人物加以宣扬的话，这工作应当严肃认真地做好才行。如果只提供一些像《范仲淹史料新编》和《苏魏公文集》那样的标点本，人家看到之后，总会觉得你们中国整理古籍的本领太低，人家要拿一个来概括全体，真不好。

另外，现在的出版社搞古籍整理的很多，而且有些人还结成一个关系网，就是说我是这个出版社的编辑，我点一部古籍，当然是同一个出版社的人给我做责任编辑,那就彼此彼此互相照应,有错误也都不管了,出得乱七八糟的。例如,有一位编辑把四六句的文章都点错了。我曾经对这个编辑先生说,你们出版了4本大厚册的书,大概你的收入超过万元了,但是你考虑过它对社会会产生什么影响没有?宋代的制词都是四六文,你怎么把四六文还点错了呢?他说:"我是拿着当四六文点的,但有时候把上四下六的句子当成上六下四的句子了。我把四六给颠倒过来了。"这像什么话?你颠倒了,弄得文义不通,对得起读者吗!但是这书居然就出版了,也没人批评。其他的这种情况多了。如有的书,杭州大学的古籍研究所,编出了一本《文史新探》,它里头载有一篇书评,题目是某某书订误,是单从标点上来说的,对一本只有一百九十几页的宋朝人笔记,这篇订误就占了近10页的篇幅,共150多条,可见每页必有错误。这种情况实在不能容忍。可是现在这种情况很多。我这儿只是举这么两个例子。"我是做编辑的,我的同事当然也照顾了,我的亲戚朋友、哥们儿也都照顾了。"这种情况在古籍整理当中已经出现了不是少数了。多年以来,中华书局出有一个《古籍整理简报》,那上头常常登出一些纠正标点古籍谬误的文章,这个简报办得很好。根据那上头,有位老先生点了一部《随园诗话》,是清代袁子才的书。那应当是很容易点的,除了诗就是话,除了话就是诗,但是也居然点得乱七八糟。这是我在《古籍整理简报》上看到的。如果这位老先生不是自己点的,是交给别人点的，那为什么不审查一遍？这不是充分地不负责任吗？这种对待校点古籍的态度就太不像话了。如果是他本人自己点的，那当然更为糟糕，怎么袁枚的东西还点不通呢？但是这种情况确实存在，而又确实不能容忍。我们作为一个古籍整理委员会的人，我是觉得不能容忍。上述诸书的标点者虽都不是我们这个会的成员，但抹黑却抹在我们这个会上。

台湾学者到大陆来的，有的就称赞我们的古籍整理，说大陆上的学者培养出来一支队伍，他们都通过整理古籍打下坚实的基础，这是非常好的一种做法。这是赞成了好的一个方面。实在说，我们要能把这方面的工作做好，还可收到多方面的效益，例如，我们为了加强华侨的向心力，表扬一个范仲淹，就可以吸引他的子子孙孙；表扬一个苏颂，就可以吸引他的子孙么！他们的子孙本来是有向心力的，所以愿意拿出钱来整理他祖宗的著作，但整理成这个样子，假如在他们的子孙当中，华侨当中有一个中文水平很高的，他会有多么伤心。他对我们的向心力，对我们现代文化的水平，就拿这个当作代表了。所以这是不能容忍的。

我现在就说这两条：一条是我们现在的使命感应当加强，为了进行国情教育，为了面向世界，面向未来，面向现代化，为了建设有中国特色的社会主义精神文化，都得加强我们的工作；第二个是指出在校点古籍方面出现的不正之风，出现的这些玷污我们工作的情况。刚才张岱之同志代匡亚明同志谈的意见，也说到要研究古籍整理方面所存在的问题。要开一个会。几年以来，古籍整理上出现的情况有些是很好的，但在作风上和学风上，也的确都存在一些重要问题。究竟怎么对待，希望大家能共同想办法，怎么样才能够把这情况制止掉。我就说这么一些吧。

（原载《高校古籍工作通报》第33期，1992年2月）

关于传统文化与现代化问题之我见

现值《传统文化与现代化》创刊3周年之际，我谨致以由衷的祝贺和敬礼！

把刊物取名为《传统文化与现代化》，首先就指明了它所负荷的历史使命，是要把现代化作为弘扬我国传统文化的唯一取向，我对此就十分钦服，认为这是绝对正确的。

作为现代中国的知识分子和劳动人民，全都负荷着缔造具有中国特色的社会主义新中国的职责，而中国的特色，虽品汇万端，却无不融入涵容在我们源远流长的传统文化当中。我们要创建现代化的文化，就必须以传统文化作为基石的一个重要部分。

中华民族是一个多民族的复合体，因此，我们的传统文化也是多元构成的。在这个文化体系的发展演变和传承的进程当中，无时不在依循着方生方死、方死方生（即吐故纳新）的辩证法则。殷因于夏礼（礼即文化），必须有所损有所益，周因于殷礼，也必须有所损有所益。当我们面临着如何对待传统文化时,我们也必须坚持批判继承的原则,既不能把凡属传统中的东西一律加以继承,如当今有的人辑印《四库全书存目丛书》那样;也不能把凡属传统的就一律加以鄙弃,如"五四"期内有人大喊"打倒孔家店"那样。而必须有分析有选择地区别对待:凡其还具有活力和生命力,有利于我们的文化走向现代化者,我们就加以继承和弘扬;凡其已经腐朽或已成垃圾,对我们文化走向现代化只会起阻碍作用者,我们就必须将其丢弃。我们必须牢牢记取:继往主要是为了开来。

文化是综合国力的重要组成部分,所以,它必须经常处在更新的过程中,以使其经常保持现代化的水平,正与军火和各种战争武器相同。建造现代化的文化,固然不能离开传统文化这块基石,使其成为无源之水和无根之木,但单靠批判地继承传统文化也是不能成功的。因为,推陈固然可以出新,但决非一切新生事物都可以推陈而出。因此,我们还必须依照我们缔造新文化的需要,从域外的各种文化体系中,选取其可以助成我国文化走向现代化者,尽量尽快地予以引进和吸收(可千万不能采取全盘西化或全盘什么化的道路)以加速和实现我国文化的现代化。

把上文总结为两句话,那就是:为使我国文化走向和实现现代化,既必须批判地继承我们的传统文化,也必须批判地摄取域外各文化体系中有利于我国文化发展的各种因素(即拿来主义)。

(原载《传统文化与现代化》,创刊 3 周年纪念号,1996 年)

第四编 忆往篇

在纪念陈寅恪教授国际学术讨论会闭幕式上的发言

陈寅恪先生是我的恩师,我却是他的一个不成材的学生。在陈先生的高足面前,我从来不敢自称是陈先生的弟子,为的是深恐他们认为我有辱于同门。

下面,我只想举述几件事,说明我对寅恪先生的学诣、行谊的认识和理解。

一事:我在北京大学历史系读书时,陈先生没有在北大兼课,但我在考入北京大学之前,因为读到了陈先生的《王观堂先生挽词》,对陈先生就已满怀崇敬之意了。陈先生在那篇《挽词》前写有长篇序言,其中有一段说:

> 夫纲纪本理想抽象之物,然不能不有所依托以为具体表现之用。其所依托以表现者,实为有形之社会制度,而经济制度尤其最要者。故所依托者不变易,则依托者亦得因以保存。吾国古来亦尝有悖三纲、违六纪、无父无君之

说，如释迦牟尼外来之教者矣，然佛教流传播衍盛昌于中土，而中土历世遗留纲纪之说曾不因之以动摇者，其说所依托之社会经济制度未尝根本变迁，故犹能藉之以为寄命之地也。近数十年来，自道光之际迄乎今日，社会经济之制度，以外族之侵迫，致剧疾之变迁，纲纪之说无所凭依，不待外来学说之掊击而已销沉沦丧于不知觉之间。虽有人焉，强聒而力持，亦终归于不可救疗之局。盖今日之赤县神州，值数千年未有之巨劫奇变，劫尽变穷，则此文化精神所凝聚之人，安得不与之共命而同尽？此观堂先生所以不得不死，遂为天下后世所极哀而深惜者也。至于流俗恩怨荣辱、委琐龌龊之说，皆不足置辩，故亦不之及也。

我是在1930年读到这篇《挽词》的。当其时，对于唯物史观我只一知半解，但我认为陈先生的这番议论，既贯穿着辩证的思维逻辑，也是一种朴素的唯物主义的观点。

二事：1933年，陈先生在为冯友兰著《中国哲学史》下册所作的《审查报告》中，有一段自述的文字，说道：

> 寅恪平生为不古不今之学，思想囿于咸丰、同治之世，议论近乎湘乡、南皮之间。

近四五十年内，凡论述陈先生的思想见解者，大都就把这几句自述作为陈先生的最确切的自我写照。既然自称"近乎湘乡、南皮"，于是而就断定陈先生是一个主张"中学为体，西学为用"的人。我对于这样的论断却觉得稍有难安之处。因为，我在前段文字中所引录的《王观堂先生挽词》的序中的那段话，乃是陈先生自抒胸臆的真知灼见，而所表述的那些思想，岂是咸丰、同治之世所能有的？所发抒的那些议论，又岂是湘乡、南皮二人之所能想象的呢？

又如陈先生在《清华大学王观堂先生纪念碑铭》中也有一段文字说：

> 士之读书治学，盖将以脱心志于俗谛之桎梏，真理因得以发扬。思想而不自由，毋宁死耳，斯古今仁圣所同殉之精义，夫岂庸鄙之敢望。先生以一死见其独立自由之意志，非所论于一人之恩怨，一姓之兴亡……来世不可知者也，先生之著述或有时而不章，先生之学说或有时而可商，惟此独立之精神，自由之思想，历千万祀，与天壤而同久，共三光而永光。

再如那同一篇对冯著哲学史的《审查报告》中，也还有如下一段文章：

> 窃疑中国自今日以后……其真能于思想上自成系统，有所创获者，必须一方面吸收输入外来之学说，一方面不忘本来民族之地位。此二种相反而适相成之态度，乃道教之真精神，新儒家之旧途径，而二千年吾民族与他民族思想接触史之所昭示者也。

上引两段文字中所表述的思想、议论，当然也都不是咸、同之世和曾、张二人之所能具有的，自然也更难与"中学为体、西学为用"之说强相牵附了。

然则陈先生何以有那样的几句自述呢？

我以为陈先生的那几句自述，实际上只是一种托词。理由何在呢？

吴宓先生在《空轩诗话》中曾说，他在1919年始识陈先生于美国的哈佛大学，"当时即惊其博学而服其卓识……谓合中西新旧各种学问而统论之，吾必以寅恪为全中国最博学之人"。这里所用的"博学卓识"四字，确系至当不易之论。尽管如此，陈先生却一直"卑以自牧"，不但从不炫耀卖弄，也从来不以开风气、使用新方法的先进人物自居。他不趋时，不傲物，所以宁肯退居于咸、同之世，宁肯自比于曾、张之伦。所以我认为他的那几句自述只是一种托词。我的这种解释容有不够谛当之处，但有一点是可以断言的：如果真有人在研究陈先生的思想及其学行时，只根据这几句自述而专向咸丰、同治之世和湘乡、南皮之间去追寻探索其踪迹与着落，那将会是南辕而北辙的。

三事：1936年冬，我写了一篇《〈辛稼轩年谱〉及〈稼轩词疏证〉总辨正》，在1937年春的一期《国闻周报》上刊出后，得到陈先生的好评。当时陈先生不知我为何许人，后从胡适之和傅斯年两先生处，知道我在北京大学文科研究所工作。我那时正在申请中华教育文化基金会的科学研究补助费，研究课题是辛稼轩的生平和对于他的长短句的注释。胡、傅两先生都是该基金会的负责人，他们对陈先生都极敬重，听了陈先生对我那篇文章的评论，"一言九鼎"，遂使我的申请得以顺利批准，这说明，在我未得与陈先生见面之前，就已开始受到他的栽培了。

抗日战争期内，北大、清华和南开大学在昆明组成西南联大，陈先生兼任北大文科研究所的导师，与研究生和其他导师同住昆明青云街靛花巷内（陈先生称之为青园学舍）。1939年夏，英国牛津大学聘请陈先生任汉学教授，遂于暑假赴香港，本拟偕全家去英国，值第二次世界大战爆发，又于10月内返回昆明。这时我刚到昆明不久，也住在靛花巷内。陈先生返昆明后竟先到我的住房中与我相谈，仍然对我评《辛稼轩年谱》的那篇文章奖勉了几句。直到1942年我写成了《〈宋史·职官志〉考正》之后，请他写一序言，他在序言中既重复了这些奖勉的话，并进而纵论中国文化的变迁，以为"华夏民族之文化，历数千年之演进，造极于赵宋之世"。鼓励我专心致力于宋史的研究。我在此后的治史方向，基本上就是依照陈先生的指引的。

我在此后一年多的时间内，与陈先生同桌共餐，朝夕得以聆听他的教言。他当时在联大历史系讲授"隋唐制度渊源论"和"魏晋南北朝史"，我都去旁听。虽然因为我的根柢太差，对陈先生所讲授的未必能有深切的体会，但反思在那一年多的时间之内，我在治学的方法方面所受到的教益，较之在北大读书四年之所得,或许可以说是有过之而无不及的。

四事:"惟此独立之精神,自由之思想,历千万祀,与天壤而同久,共三光而永光。"这是陈先生用以称述王国维先生的话,实际上,这"独立之精神"和"自由之思想"也是陈先生涉世行己的信条,今但举一事为例。

1940年中央研究院院长蔡元培先生逝世。院长的继任人选成为当时的一大问题。蒋介石不知出于何种用心,表示愿意由顾孟余继其任。但顾孟余在二三十年代内大多从事于政治活动,与学术界的关系已极疏淡,所以得不到人们的赞成。另外也有人有这样那样的考虑,或则要推选翁文灏,或则要推选朱家骅或王世杰。陈先生的意见却是:如果找一个搞文科的人继任,则应为胡适之。他说,胡适之对于中国的几部古典小说的研究和考证的文章,在国外的学术界是很有影响的。如果找一个搞理科的,则应找李四光,因为,李在地质学理论方面的造诣,在中国无人能比,翁文灏只是偏重在地质调查方面。胡适之和李四光,都是国民党政府所不感兴趣的人物。1949年以后,李四光对新中国的建设所作出的贡献,更足以证明陈先生的眼力是如何之高。

陈先生是中央研究院评议会的成员之一,评议会举行会议时总要请他出席。但正如徐庶进曹营一样,在会上他总是一言不发的。他曾说,在任何一次评议会的记录本上,决不会找得到他的一次发言。所以,在推选新院长的那次评议会上,陈先生大概并不曾把他的推选胡或李的意见提出，因为他会知道，一切都已由幕后活动做出决定，提出来也不会起任何作用的。

这次的评议会是在重庆举行的。会议期间蒋介石曾宴请参加会议的全部人员。此为陈先生第一次（大概也是最后一次）与蒋见面。"见面胜似闻名"，通过这次接触，陈先生深觉蒋介石其人是不足有为的，遂在他所作的《庚辰暮春重庆夜归作》一诗中写有"食蛤那知天下事，看花愁近最高楼"一联以志所感。他对国民党政府的态度，借此也可略窥一斑了。

五事：抗日战争胜利后，陈先生回到北平，仍在清华大学任教。到1948年平津战役前夕，南京国民党政府派遣其青年部长陈雪屏（曾在西南联大任教，与寅恪先生相识）专机飞北平迎接陈先生南下，陈先生坚决拒绝。

1948年12月初，解放军占领了北平近郊，清华大学已经宣告解放。12月13日，南京政府的教育部致电北大校长胡适，说第二天将派专机到南苑机场迎接，并请他邀陈寅恪先生一家同行。胡电清华问讯陈先生的情况，清华告以陈先生已经进城，但不知他住在哪里。14日午间，胡到我家，问我能找到陈先生否，我答以可能找得到。随即到俞大缜教授处问明陈先生的大嫂（陈师曾先生遗孀）的住处（现已忘记，仿佛是东四北礼士胡同某号），我估计陈先生一家必在那里。到那里果然看到了陈先生，我把事情原委说了之后，便问他是否肯与胡同走。他答说："走。前许多天，陈雪屏曾专机来接我。他是国民党的官僚,坐的是国民党的飞机,我决不跟他走!现在跟胡先生一起走,我心安理得。"(按:到北平迎接胡的专机乃是由教育部派出的,而胡适又毕竟不是国民党官僚。于此也可看出陈先生总是要尽可能与国民党保持距离。)他本说,稍事午休即雇车前去东厂胡同胡宅,要我先回胡宅复命。我到胡家,胡即告以专机已到机场,深恐陈先生到迟了便赶不及了。不料说话间陈先生全家便已到来。胡陈两家立即乘北大汽车出发。不料到宣武门时,城门紧闭,守门军队不肯放行。胡用电话与傅作义联系,亦未找到傅的所在。遂又原车返回东厂胡同。

这天晚上,陈先生全家都宿于东厂胡同,准备明早再走。我去与陈先生话别,他向我说:"其实,胡先生因政治上的关系,是非走不可的;我则原可不走。但是,听说在共产党统治区大家一律吃小米,要我也吃小米可受不了。而且,我身体多病,离开美国药也不行。所以我也得走。"

胡在晚间与傅作义通了电话,约定明早到中南海他的司令部换乘他们的汽车,又经傅下命令给宣武门的守卫部队,遂得抵达南苑机场而飞往南京。

陈先生在南京稍停即去上海,在上海也停留不久,即于1949年1月中旬搭船转往广州岭南大学任教。因为,1948年夏,陈先生夫妇因年来都多病,医生曾劝说他"宜往南方暖和之地",他已与岭南大学校长陈序经联系过,陈序经聘他为岭大教授,只是由于他还依恋北方,所以未即成行。

在广州解放之前，迁往台湾的"中研院"历史语言研究所所长傅斯年曾多次电催陈先生去台湾，陈先生坚决不去（此条系据蒋天枢《陈寅恪先生编年事辑》转引陈先生在"文化大革命"运动中的《第七次交代底稿》）。

（《纪念陈寅恪教授国际学术讨论会文集》，中山大学出版社，1989年）

在翦伯赞同志学术纪念会上的讲话

新中国成立前,我就同翦老认识了,但来往不多。新中国成立后,而且是院系调整以后,他当了北大历史系的系主任,才经常接触。我觉得他当系主任有几件事值得我们学习,值得我们纪念。

第一件事:团结原清华、燕京、北大三校的历史系的教师,倡导良好的史学风气。翦老是在院系调整后任历史系的系主任的。调整后的北京大学历史系,是由原北大、清华、燕京三校的历史系合并而成的。这三所学校,过去都是老子天下第一,没有一个不是如此,门户之见甚深,谁也不服谁。三校虽是"分久必合",但这是很不容易合得拢的。而翦老在这方面做的工作,却非常之好。他能巧妙地将三校的历史系的教师团结起来,使他们通力合作,消除门户之见。他对待三校的人,没有厚此薄彼的偏见,这给我们的教学和科学研究工作带来了很大的便利。所以,从那时起,我很佩服翦老的领导艺术。原三校的历史系教师，在业务上都有相当高的水平。当时翦老提出，要在北大历史系树立起一种良好的学风，这是他的雄心壮志。他说，我们不要搞宗派，但搞一个学派还是应当的。他所要树立的良好学风，就是要把马列主义理论同中国历史的实际恰当地结合起来的学风；他所要建立的学派，就是以保持这样一种优良学风为特点的学派。对于中年以上的教师，他知道他们都掌握了一定的史料，便劝说他们要特别重视理论的学习。他常向他们说，史料好比一堆铜钱，理论则好比串钱用的绳索，必须运用马列主义把漫无统纪的史料贯穿起来，才能使之形成系统，才能用来阐明历史问题的实质和真相。对于学生，他一方面引导他们学习马列主义，另一方面还劝说他们去广泛地阅读史料，要他们运用马列主义去研究这些史料。他力图使北京大学历史系，在全国史学界当中，首先树立起这样一种学风、首先形成这样一个学派。他一再说，这不是搞宗派。但是，当时遇到的阻力很大，翦老这一愿望实际上没有能够很好地实现。这也得怪我们当时那些做教员的有些不争气吧。

1961年，周扬同志领导文科的教材建设，在会上，谈到中国通史教材的编写问题。当时科学院历史研究所，在郭老主持下，搞了一部《中国史稿》，但它不是准备作大学的教材用的，是供一般干部阅读的。北大历史系师生结合，从1960年开始也打算编一部中国通史，可是师生之间关于社会分期问题争论很大，闹得不可开交，以致无法进行下去。到了开文科教材编选会议的时候，翦老主动提出要把编写《中国通史》教材的任务承担起来，由北京大学历史系的教师承担起来。他主动承当主编，而且后来他也确实起到了主编的作用。他写文章，论述司马光怎么主持编纂《资治通鉴》，就是表明他要真正尽到主编的责任。翦老为了尽到主编的责任，特意躲到苏州去，在那里进行讨论、修改、定稿。在北京不行，从早到晚，整天有人找他，不能集中时间和精力。其所以要编这部书（即后来出版的《中国史纲要》），就是为着要树立一个好的榜样，要真正做到理论联系历史实际，树立一种好的学风和文风。不是引几句马克思怎么说，列宁怎么说，作"镶边"之用，不是这样，而是要把马克思主义作为指导思想贯穿进去。当然，我们这些执笔的，在编写中没有真正达到翦老的要求。可是"文化大革命"一起来，把这部书当作"大毒草"，在报上公开批判时，我们所有参加编写的人也只好跟着批，并把"罪状"推到翦老一人身上，苦思苦想，找出些理由来，其中有一条，就是说翦老不许把马、恩、列、斯和毛主席的话写进书里。有没有这个话呢？有这个话。不过，翦老是说，你们不要说马、恩、列、斯怎么论怎么说，你只要在论述历史当中贯穿着马克思主义的精神就行了，确实是这么说的。可是我们在大字报中，宣布翦伯赞的"罪状"，这就是一条。

翦老在历史系，不但能把所有的教员团结起来，使其发挥各自所长，而且努力倡导一种好的学风。他有这种责任感，有这个责任心，要使北京大学在史学界当中，树立一种好的学风，树立一个好的榜样。这是他做历史系主任所值得纪念的。三校合并，是个散摊子，各不相下，我不佩服你，你也不佩服我。用他的领导艺术，使原三校的人都能很好地发挥作用。翦老做系主任，不是做维持会长，而是创办事业。他是在难度很高的情况下，在"三雄"不能并立的情况下来到历史系的。在翦老的领导下，"三雄"并立了。

第二件事：不懈地宣传历史唯物论，勇敢地捍卫马克思主义史学阵地。翦老的胸怀很广阔，他关心的不仅是北大历史系。他对于整个史学界的方向道路都很关注。他在捍卫马克思主义史学方面作出了很大的努力，当史学界出现背离马克思主义的情况时，他就勇敢地站出来说话。我们党从三中全会到"十二大"，其中重要事件之一，就是肃清极左思想的影响。三中全会提出解放思想。解放思想就是要从极左思想的束缚之下解放出来。直到"十二大"，还提出要肃清极左的余毒。政治路线、组织路线、思想路线从此都逐渐走上了正确的方向。历史学界过去有没有极左思想支配，有没有极左思潮的余毒需要肃清？这是我们应当很好考虑的。我认为，从解放以来，忽而偏左，忽而偏右的情况是经常发生的。而每一次发生的时候，翦老总是挺身而出。写文章、作报告，奔走呼号。解放初，出现过光谈阶级观点、不谈历史主义的情况。阶级观点决定一切，在许多问题上说不通。翦老对此写了提倡历史主义的文章。后来又有一个口号叫"以论带史"。这个口号正确不正确，本来就值得研究。但是后来又发展到把带动的带变成了代替的代,成了"以论代史",光讲理论,不讲史实。翦老对此很气愤,他说,写文章满篇都是引用马克思、列宁、毛主席的话,就是没有作者自己的话,那你这篇文章应当还给马克思,还给毛主席,怎么能算是你张三李四写的?翦老对这样的学风、这样的文风是非常厌恶的。因此,他到处讲话、作报告,反对"以论代史"的口号。他为此而走遍长城内外、大江南北。"以论代史"是一种极左的口号,反对这一口号,就是捍卫最正确的马克思主义史学路线。这说明,翦老对中国史学界树立起真正的马克思主义学风、保持马克思主义的正确方向,是有强烈的责任感的。在当时,真正表示了自己的责任感、提出了自己的看法的,一个是翦老、一个是范老、一个是周扬同志,就这三位。他们力图要纠正史学界这些歪风邪气。翦老的许多报告现在还能找到。范老写文章,反对放空炮。他送给史学工作者,特别是不能坐下来读书的那些青年史学工作者一副对联。对联说:"板凳甘坐十年冷,文章不写一字空。"一句空话也不要写。搞历史,如果避开中国的史料,尽说些空话怎么行呢?尽管你引用了大段大段的语录,如果不同中国的实际相结合,那不过是空洞的、抽象的马克思主义,这是毛主席的话。你要有史料,就得甘心情愿地坐十年冷板凳。当时,还有一种风气,不许学生念书,一念书就说是走"白专道路"。周扬同志在一些讲话中曾提出:"白专道路"这个提法是错误的。本来,"白"与"红"是政治上的概念、政治上的用语,如"白匪""白俄""白色恐怖"等等。怎么能把专家与这些概念相提并论呢？当然，我们提倡专家要又红又专，但他现在专了，只是红得不够，你就说他是"白"，就是反革命，怎么能这样说？所以说，周扬同志、范文澜同志、翦伯赞同志是真正有责任感的，就是要使史学界真正沿着马克思主义的正确方向发展。当然周扬同志的话不光是对史学界讲的。后来在"文化大革命"中，批判周扬同志这些讲话，编成"黑话集"。因为他反对提"白专"，所以就说他的话是"黑话"。翦老在"文革"开始时挨批斗，说他反对马克思主义，主要也是因为他提倡历史主义，反对"以论代史"。现在看来，他们当时的那种精神是很可贵的，那正是坚持和捍卫了马克思主义最正确的史学方向，翦老被迫害致死，还有别的原因，说他解放前为刘少奇与蒋介石"挂勾"搭过桥。说句笑话，如果刘少奇真要与蒋介石"挂勾"，还用得着他翦伯赞去搭桥吗？

翦老的骨气、高风亮节也是值得我们敬佩的。"文革"前夕，江青、姚文元一伙发难，批判吴晗同志的《海瑞罢官》。老实说，我们这些人在当时想顶也没有顶住，不批不行呀！可翦老则不是，他始终没有说一句话。刚才有人提到科学的良心，翦老就是有科学的良心。当然不能说我们这些人没有科学的良心，但我们在当时没有顶住，他确实顶得住，而他在精神上所遭受的折磨，我们则没法与他相比。不管极左思潮来自哪里，也不管它势头有多大，他总是抗得住。这一点尤其可贵，值得我们永远尊敬。

他是历史系的主任，他就先要把历史系办好。他是全国史学界的领导人物，他就想把全国史学界的方向道路问题、学风问题掌握好。这是他的责任心，在培养人的问题上也是如此。解放以来，虽然也培养了不少又红又专的历史学者，出版了一些有水平的历史论著，但是，我们今天无论是哪方面的人才都还不够用。比如：有的地方新设立了大学，需要历史方面的师资，可真能胜任者不够用；现在提出整理古籍，真正能从事这项工作的人才不够用；有的出版社聘请编辑，真正能胜任者不够用；编大百科全书，需要人写历史部分的词条，能写的人也不够用。之所以发生这种现象，就是因为过去"左"倾思想在起支配作用，总是说不要走白专道路，结果害了很多很多的人，尤其是现在的中、青年。当然在座的学生不包括在内，现在没有人给你们戴"白专"的帽子，可50年代我们的学生、60年代我们的学生则不是如此。70年代发展到极端，学生进校后，首先是批判"背着红口袋来装知识"，首先是批判这个。

今天，我们纪念翦老，首先要学习他那种倡导实事求是、理论联系实际的优良学风的精神；学习他捍卫马克思主义史学理论的责任心，努力使全国史学界的教学和研究工作走上正确的轨道。这是我们应当继承发扬的，只有这样，才能告慰于安息在九泉之下的翦老，才能不辜负党和人民对于我们的期望。

（原载北京大学历史系编：《翦伯赞学术纪念文集》，北京大学出版社，1986年）

怀念我的恩师傅斯年先生

一

自从进入北京大学史学系读书以来，在对我的治学道路和涉世行己等方面，给予我的指导和教益最为深切的，先后有傅斯年、胡适、陈寅恪三位先生，他们确实都是我的恩师，而在他们三位之中，对于我的栽培、陶冶，付出了更多的心力的，则是傅斯年先生。1946年以后由于国内形势的变化，我与傅先生未再相见，但在他担任了台湾大学校长之后，北大数学系的教授江泽涵先生由美返乡、绕道台湾探亲时，傅先生还托他传话给我，说要把他遗留在北平的书籍全部赠送与我（此乃因傅先生昧于大陆情况之故，当时他已成一个被声讨的人物，其遗存物只应被公家没收，他本人已无权提出处理意见了），可见，他对我还在念念不忘之中。到1951年1月内，我闻悉傅先生逝世的消息之后，顾不得我应与他划清界限的大道理，不禁在家中失声恸哭起来。后几天,我就接到了陈寅恪先生《读〈霜红龛集·望海诗〉感题其后》一诗,知其为悼念傅先生而作,而我却没有敢写追悼傅先生的文字。

今距傅先生的逝世已经 46 年,而今年又正是傅先生的百岁诞辰,台湾大学历史系的友人逯耀东教授来信告知:要编印一本纪念论文集,并嘱我也写一短文附入。我因不曾写过悼念傅先生的文章,长期以来一直引为内疚,所以现在极愿遵命赶写一篇。

为了写这篇短文,我把在傅先生逝世以后,海峡两岸的学人所写的纪念文字和论述傅先生生平学行的文章,包括不久前才刊出的杜正胜先生的《从疑古到重建——傅斯年的史学革命及其与胡适、顾颉刚的关系》,尽可能搜集来进行阅读。阅读之后,觉得其中有许多篇,例如胡适先生的、李济先生的、程沧波先生的,写得既富情感,也举述了许多前此不为人知的一些事迹,读后十分感动,也十分受益,觉得我前此对傅先生的生平及其为学为人,所知实在太少。然而也正因如此,我自己却又觉得很难再找到下笔的余地了。踌躇再三,我决定只就我昔年受业于傅先生的过程中,和其后帮他做些杂事的过程中,对他在治学、治史、治事等方面的方法、议论、态度等等,以及我所获得的一些感受、体会和启发,拉杂地加以胪陈,以期能与已有的文章互相印证,或稍作补充。但愿不至与已有的文章出现过多的重复之处就好了。

二

当五四运动和新文化运动在北京轰轰烈烈开展和进行时，作为这一运动的先锋人物的傅斯年先生的声名也随之而震烁一时。那时候，我还正在一个极闭塞、僻陋的村塾中读四书五经，听塾师讲说高头讲章。尽管如此，我也竟从一位外村来访的塾师口中听到了傅斯年的名字，而且说他是北京大学最杰出的学生，是山东人，是黄河流域的第一才子。从这时起，傅先生的名字便深深印在我的脑海当中。可是在此以后，傅先生到英国和德国读书去了，也没有再在国内的报刊上发表文章，因此当我在济南山东第一师范读书期内，是没有读到过傅先生的任何文章的。

1930年，北京大学刚从作为北平大学的一个学院而独立出来，蒋梦麟重回北大任校长，胡适任文学院院长，我于1931年夏报考北大未被录取，所以考入一家私立的教会学校辅仁大学。而在这时却又听说，北京大学历史系主任朱希祖先生因采用了某高中教师所编中国近代史作教材，受到了学生的攻击，因而去职，而由傅先生暂代系主任之职务，这自然更加大了我要考进北大历史系的吸引力。于是，在1932年我又一次报考北大，而这一次，我终于被北大所录取，得以成为北大史学系的学生了。

那时候的课程设置，把中国通史规定为文学院各系新生的共同必修课程。1932—1933年学生的中国通史课程，在胡适院长的设计之下，是由历史系的主持人，先把全年的课时，依时代顺序分别安排为若干个专题讲授，然后再由历史系主任按每次的专题，邀请在北京的专家来校讲课（据闻此事亦出于傅先生的主张）。其时，北大史学系的系主任，已改由一位擅长于欧洲中古史的陈受颐先生担任。傅先生虽是蒋梦麟校长所依靠的振兴北大的两位重要人物之一（另一位是胡适先生），而他却只是在北大做兼任教授，其正式职务乃是国立中央研究院历史语言研究所的所长（当时该所设在北海的静心斋），中国通史第一讲定名为"导论"，是要说明设置这一课程的宗旨以及概述一下研究中国历史的主要方法之类的一些问题，陈受颐决定请傅斯年先生主讲，这本应是非常合适的人选，但因陈先生并未向傅先生作详细的说明，只说某日某时要请他到校向新生谈谈有关学习中国通史的一些问题，傅先生则理解为只是与史学系的新生开一次座谈会，只需即席发言即可，不需作何准备，因而也就没有作讲课的准备。及至被邀请到北大二院大讲堂的讲台之后，他看到教室里已满满地坐有200多学生，他既感到大非意料所及，匆忙间真不知从何处讲起为好。在此两小时的课时内，他虽然也论述了有关研究中国历史的许多问题，然而既极散漫又少条理。刚进入北大的新生们，大多是抱着很高的期望值来听课，遂在下课之后，不免议论纷纷，表示有些失望，我当时似乎也曾向人说道:"真正是大名之下,其实难副呀。"

在我进入第二、第三、第四各年级之后,修习的课程较多,对于一些课程彼此之间能有所比较,然后对傅先生的学问和识见才具有了较多较深的了解和认识。例如:在我们的必修课程当中有先秦史和秦汉史,是由同一位先生讲授的,他的讲授,虽也有其精彩独到之处,然而他的材料的来源,总是从书本到书本,从正史到杂史,等等。然而傅先生在其所开设的先秦史和秦汉史的专题讲授两门课程中,却不但显示了他对古今中外学术的融会贯通,而且显示了他对中外有关文献资料与新旧出土的多种考古资料的融会贯通。他所谈及的课题,既多是开创性的,在旧有的史学论著中不曾有人谈及,且多是具有纲领性的,其中包含了极丰富的内容,都可以分别展开作为个体研究的子目。虽然也有人认为他的讲课头绪纷繁,忽此忽彼,有似脱缰之马,难以跟踪(无法记笔记),然而这却正是其他教授不可企及之处。唯其是开创性的新意之多,通过傅先生的讲述,就不但使得"周虽旧邦,其命维新",而是把由夏朝以至春秋战国,全都重塑在一个崭新的氛围和场景之上了。如他所号召的那样,他真正做到了"承受了现代研究学问的最适当的方法,开辟了这些方面的新世界"。杜正胜先生在其大作《从疑古到重建》中,曾有一段文字说,傅先生在北京大学读书时,"不是历史系科班生,赴欧游学也不学历史。以一个历史圈外人而能给近代中国的史学带来震撼性的革命,未免令人啧啧称奇"。这是我第一次看到把傅先生称为"给近代中国史学带来震撼性的革命"的人,然而,为傅先生作出这样的评价和定位,我以为是非常恰当,不可移易的。

三

傅先生在北大史学系担任了一次"史学方法导论"的课程,他所讲授的内容,只有极少的一部分写成讲义印发给学生,绝大部分都只是口头讲述过而没有写成文本,但不论已经写出或未曾写出的,其内容却与别一教授所讲大不相同。在他讲过一次之后,恰好又有一位留学德国十多年的先生返国到校,"史学方法导论"便改由他来担任。他完全依靠德国一位历史学者所印行的一本《历史研究法》,把它译为汉语,然后照本宣科。傅先生所讲授的"史学方法导论"却绝不如此,他提出的一些治史方法,全是他自己在治学、治史实践中体会得来的,而绝非从某本出版品中照抄来的。他在德国有3年之久,他的好友陈寅恪先生于时也正在德国,二人且经常就学术问题切磋。当傅先生回国之初,有时自称是"中国的朗克学派",其在史学研究方法方面,必然也受到德国史学家的一些影响;然而傅先生在回国后发表的部分文章当中,在北大史学系"史学方法导论"的课堂上,所再三再四提出的"史学便是史料学"这个命题,和他所经常放在嘴边的"上穷碧落下黄泉,动手动脚找东西",

都只是傅先生的一家之言，在古今中外的历史学界再也找不到第二家的。然而傅先生还不止是在文章中，在北大的课堂上，经常提出这一命题，高唱这一口号，而且还把他所领导的中央研究院历史语言研究所作为贯彻、实践这一主题和口号的基地。以下试举例证说明。

例证之一：他千方百计、卑躬折节地排除了河南地方的阻挠而完成了史语所考古组对安阳殷墟的15次发掘（后因日寇侵华战争而停止），所取得的丰硕成果引起了国际学术界的瞩目，推动了殷商史的研究、古文字学的研究、古代社会研究等方面的进步，这是他厉行寻找新史料所取得的伟大成绩之一。

例证之二：明清两朝都把其重要政治事件的档案原件贮存在内阁大库中，到1921年主管这批档案的历史博物馆的负责人，只因缺乏经费，便把这批档案材料装入8000多麻袋中，出售于一家纸店拟作还魂纸，幸而被罗振玉赎买回来，其后又转卖于李盛铎。到史语所正在筹措成立之日，却又有日本满铁公司要向李盛铎购买这批档案的传闻，傅先生又急谋抢救，先后与中山大学当局及胡适、陈寅恪两先生相商，嗣即致函中央研究院院长蔡元培先生，终于筹得款项，将其购得，归史语所进行整理。在史语所迁往台湾之前，已先后从这批档案中整理出来大批案卷，辑印为《明清史料》一至四编，共40册。其中关于明末农民起义的资料、满族兴起初期与明朝斗争的史料以及洪承畴、郑成功、李定国等人的史料，都极为丰富且极有价值，这对明朝后期和清朝前期历史的研究，自必会发生显著的作用。试想当年若非傅先生积极策划把这批资料抢先购买，而听任日本满铁公司买去，则今日我们的史学界缺少这批宝贵的原始资料固为极大憾事，而我国家偌大一宗文化遗产竟拱手奉献给正在谋划侵吞我国家的寇仇，那就不仅是我们史学界、学术界的一桩绝大耻辱了！

例证之三：1930年，由中外学者组成的西北科学考察团，在今甘肃与内蒙古接境的额济纳河流域的居延海发现了万余枚汉代简牍，运北平后归北大文科研究所收藏，由劳干、余逊、沈仲章负责保管整理，及日寇接管北大之后，沈仲章冒生命危险由北大文研所移至校外一民居存放，后又历经艰险移至天津，急急电告在长沙的傅斯年先生。傅请徐森玉亲自去天津与沈相会，要他负责把这两箱汉简运往香港。其后，果然又在诸多艰难情况下运抵香港，由沈把木简拍照、剪贴、编号、排比。当我于1939年秋经香港去昆明时，把这批照片带交傅先生。后即交劳干全部加以考释，在四川李庄石印出版。就在沈仲章把这批汉简从北大文研所运出数月之后，周作人出任伪北大文学院院长，日本人向他追问汉简下落，周作人向我查询，我答以："一无所知。"可见，若非沈仲章以超人的机智和胆量，及时把这批汉简转移出去，则这些国宝定会被周作人之流拱手送给日本人。

上面关于发掘和使用新史料的叙说，也许显得过于烦琐了，但我这样做的用意,是想借此说明傅斯年先生通过诸如此类的举措,从本世纪20年代后半期直到50年代终了,在中国历史学领域开创了一个崭新的文风。他是批判地继承了中国从清初的顾亭林、黄梨洲、乾嘉学派,以至清末民初的章太炎各流派的造诣和成果,又批判地吸取了欧洲一些科学家、思想家和历史学者治学、治史的主张和方法,不只是加以贯通,而且有所超越,形成了他的治学、治史的一系列方法和主张,寻找新史料,扩大史料的范围,扩充研究历史的工具,则是其最核心的一个问题。对上述三种史料的发掘、抢救,既体现了傅先生扩充史料范围的主张,更体现了为实现他的"要把科学的东方学建立在中国"那一志愿的努力;而这个志愿,却正是他要把中国文、史思想等方面的研究攀登到国际领先地位的一个宏伟豪迈的志愿,远非一般拘文陋儒涉想之所能企及。试就安阳殷墟的发掘来说,若照今日最盛行的议论,那只是史学研究初级的、低层次的工作,从而认为"史学便是史料学"一说之不可取,岂不是将成为一种笑谈吗!至于有人认为傅先生之所以极力倡导"史学便是史料学",其意盖在于排斥唯物主义的历史理论,这也是不符合实际的。因为他在《史料与史学》的发刊词中已作了明确的表态,说道:"本所同仁之治史学,不以空论为学问,亦不以'史观'为急图,乃纯就史料以探史实也。"而在《史学方法导论》的开宗明义处也声明说:"史学的工作是整理史料,不是作艺术的建设,不是作疏通的事业,不是去扶持或推翻这个运动或那个主义。"这些话，说得都很清楚，不以史观为"急图"，当然就是说，史语所的同仁只努力要把从殷墟挖掘出来的各种物品依次予以整理、分类、考释、说明，进而探明史事原委。在此以后，则不论信奉历史唯物论或者抱持其他史观者，全可以加以利用，作出关于殷商史的著述。

四

我向傅先生当面请教学术史上的问题，是在读二年级时到中文系旁听傅先生讲授中国古代文学史的课程。那一课时所讲，正是关于西汉后期学者们对于从鲁恭王府新发现的几种古文经是否应立学官问题的争论。那时钱穆先生已在《燕京学报》上刊出了他的《刘向歆父子年谱》，是专为解决这一问题的，我读过后很佩服，而傅先生讲的却与钱文不完全吻合。下课以后，我便依据钱文的意见向傅先生提了一些问题。傅先生又把他的意见作了一些申述，意思是让我不要专信钱先生的一家之言。傅先生回家后向我的同班同学傅乐焕（傅先生的远房侄子，当时住傅先生家中）说及此事，仍以为我不应专主钱说。其后，在一次听他讲课后，我又曾向他表示，最好把他在课堂所讲全部写为讲义，印发给我们，这样既可以解决前人未曾解决的问题，也可以提出一些前人未曾提出的问题。他答复我说：他目前事情实在太忙，不能专门为了你们的方便再来做编写讲稿的事情。通过多次听傅先生讲课和多次与他接触，愈来愈感到傅先生学问的博大精深，才华的超逸绝伦。

1935年春我读三年级时，和同班同学傅乐焕、张公量要为天津《益世报》编一种副刊，名叫《读书周刊》。该报主编表示，必须有一些教授参加编委方可。于是我们便邀请了胡适、傅斯年、钱穆、孟森、罗常培等先生做编委，并由毛子水先生（当时北大图书馆馆长）任主编。从此以后，我与傅先生的接触才略多了一些，而且从毛子水先生的口中才知道蒋梦麟回北大做校长以后，在重建北大的许多重大问题上，例如聘请教授、添置重大教学仪器设备等，傅先生与胡适先生实是两位最起作用的人物。

傅先生到北大兼课，其主要目的当然是为了传授他的学业，培养诱掖后生学子；然他让李济、董作宾、梁思永诸人都到北大兼课，则显然还有另一用意，那就是要选拔一些有培养前途的人进史语所各组做低级研究人员。在我们这年级毕业时，中文系和历史系就有五六人被选中，我也忝居其一。只因胡适先生指导我的毕业论文，对我写的《陈龙川传》比较满意，已表示要我留校做助教，所以当傅先生要我去史语所时，我即据实以告，并说我的妻子在北平做小学教员，就不想再去南京了（史语所当时已迁南京）。傅先生说，到南京找一小学教员当，想也容易。但最后还是允许我留在北大文科研究所任职了。

陈亮与辛稼轩是好友，两人的事亦有许多互相牵连之处。

当我写作《陈龙川传》时，找来梁启超所作《辛稼轩年谱》和梁启勋所作《稼轩词疏证》参考，却全都不能解决问题，于是我就想自己另作一本《辛稼轩年谱》和《稼轩词注》。适逢当时中华教育文化基金董事会在报纸上发布通告，号召从事于自然科学或社会科学的研究人员可以向该会申报课题申请资助费用。胡适先生是该会的秘书长，傅先生则是该会的学术评议委员。我于见报之后，去胡先生家询问我是否可以申请，胡先生问知我要写作《辛稼轩年谱》和《稼轩词注》，便向我说，梁氏弟兄既已写了年谱和词注，而梁启超又是大名鼎鼎的人物，你如想另作，必须对他们的成品写一书评，说明你掌握了更多的材料，能作出更好的成果出来才行。我照此办理，写成一篇《〈辛稼轩年谱〉及〈稼轩词疏证〉总辨正》，在《国闻周报》上刊出。胡、傅两先生看到此文之后，都以为写得不错，而在清华大学任导师的陈寅恪先生，当时与我尚不相识，竟也对此文大加称许，并且屡次向人询问作者为谁。直至问及傅先生，方知我是刚从北大毕业的，是傅先生的学生。此后，我所申请的项目果然得到批准。

傅先生的民族意识极为强烈，陈亮和辛稼轩都是他素所景仰的人，他所能背诵的稼轩词也很多。当我准备开始我的研究项目时，他在南京几次写信给我，要我不要把注释搞得过于烦琐，千万不应做成仇兆鳌《杜诗详注》那样，并且劝我把书名定为"笺证"，而不要定为"笺注"，而且不必勉强为之编年。

我拿傅先生的信去与胡先生商谈，他却说此事可以完全由我自己决定，傅先生的意见可以参考，却不必完全遵守。其后，我虽对稼轩词进行了系年，也未把书名定为"笺证"，但对典故的注释我却尽量简略，只是把与各词本事有关的人、地、背景等尽量加以考索。及"年谱"与词的"笺注"完成之后，我拿全稿赴昆明，傅先生稍稍翻阅一下，便写信向香港的商务印书馆推荐。不幸在排完版且已付型之后，太平洋战争爆发，香港为日寇攻占，以致未能印行。到抗日战争胜利后，经胡先生催问，而以纸张缺乏之故，只能先把《辛稼轩年谱》印出，但其时傅先生已去美国就医，我寄奉与他的书未必能够看到；到《稼轩词编年笺注》初稿出版之日，则已是先生逝世十六七年之后了！

五

在抗日战争前，北大文科研究所是由胡适先生做主任的，到北大南迁，与清华、南开合组为西南联大之后，三校原创立的研究所却还都分别存在。北大文科研究所设在昆明云南大学近邻的靛花巷内，改由傅斯年先生兼任所长，陈寅恪先生也被聘为导师，汤用彤、罗常培等先生也住在那里。我于1939年完成了我的研究项目，于8月末奉傅先生之召，经上海、香港、海防、河内，于10月上旬抵昆明北大文研所供职。职称为高级助教，月薪为150元。这时我才与陈寅恪先生初次晤面。但既一同住在靛花巷一栋小楼上,一日三餐也在同一餐桌上,陈先生所讲授的隋唐五代史与佛典翻译文学,我也每次都去旁听,陈先生每次外出购物访友,我也都陪同前去。实际上等于做了陈先生的助教。傅先生和史语所的同仁全住在昆明郊区的龙头村,并不经常住在靛花巷内。但他每次进城,必到我的房间巡视,查问我这些天读了什么书,做了什么事,其时《宋会要辑稿》在上海大东书局印行未久(每部200册,共印了200部,定价每部200元),上海沦陷之后,日本人多有争购此书者,北图留在上海者遂决定将大东所存之书全部寄往昆明,并言明对史语所及北大文研所之购买者给予七五折之优待。傅先生以我致力宋史,嘱我乘机购买一部,我却以为,即使是优惠价格,也须用去我一月的全部薪水,因而颇为犹豫。傅先生遂决定由公家垫借书款,然后由我分半年偿还。在当时的昆明,实在是无书可读,在买到此书之后,我倒真正可以寝馈其中了。

到了1940年夏,日寇飞机对昆明的轰炸十分频繁,其时陈寅恪先生为准备去英国讲学已赴香港。傅先生则为求免于日寇不停息的空袭威胁,想把史语所的全部人员和书籍搬迁到更偏僻的地方,便派人去四川调查访求,要找一个在地图上不见其名字的地方,其后落实到南溪县的李庄,于是从这年的11月便开始搬迁。傅先生表示,要我也随同史语所迁往四川李庄,他向我说:"史语所搬走之后,你留在昆明更无书可读,有何意义?"实际的情况也确实如此,当时由各地迁往抗战后方的一些大学，一律都没有把图书随校搬迁，北大、清华、南开以及南京、武汉等校，无不如此，而独独史语所的全部图书，更不用说那些属于国宝性质的——从安阳殷墟发掘所得的全部文物和从李盛铎手中买得的内阁大库档案材料了，由于傅先生对历史资料的高度重视，由于他在运筹、调度、组织等方面之特殊才能，竟能通过百般周折而随人员把它们完整无缺地搬迁到昆明，成为抗战大后方唯一完善的图书资料宝库。而现在傅先生又设法把它迁往四川李庄，则我留在昆明，确实将无书可读、无事可做了。因此，我便毫不迟疑地决定随同史语所迁往李庄。大概是第三批搬运书物的车辆就由我与历史组的陈槃一同做押运人员，在抵达泸州之后，溯江而上，抵于李庄了。

李庄是一个滨江的小市镇，而史语所选定的所址则还在距李庄3华里的山坳中，名叫板栗坳，是张姓人家的几所宅院。在安顿妥当之后，我被指定在田扁上的一所宅院居住，图书馆也设在这一宅内，使我得到从未有过的方便，可以专心致志、恣意披览和搜讨。所以，我虽然在那里只居住两年半的时间，而在此期间内，却能就《宋史》的《职官》《刑法》等志做了一番考证，写成了初稿，还就王钦若、刘恕等十数人的传做了考证，还写了《评周谷城著〈中国通史〉》《〈宋史·职官志〉抉原匡谬》等文，在重庆印行的几种刊物上刊出。

我的妻女当时还留在北平，亟须把她们接出，而李庄这地方实在太偏远了，要看重庆的报纸都得在五六天之后，与北平的人来往函件自更煞费时日。我的长兄因在家乡（山东临邑）参加敌后抗日的游击战争，于1941年秋为境内通敌的盗匪所杀害，在家乡的老母的生活也需要照料。因此，到1942年我便商得傅先生的同意，准备到重庆找一工作，以便把妻女设法迎接出来。在准备离开李庄之际，我便把《〈宋史·职官志〉考正》的初稿再作了一番整理，并写了《序》和《凡例》，送请傅先生审阅。《考正》的正文烦琐细碎，他实无暇全看，但看了《序》和《凡例》都觉得满意，当即向我说，要把这两篇小文收入《史语所集刊》第十本中刊出（当时正与重庆的商务印书馆谈妥，要恢复《史语所集刊》的印行，先生并嘱我，如此后能在重庆工作，《集刊》第十本的校勘工作由我负责）。及我到了重庆之后，又接先生来函，已决定把《〈宋史·职官志〉考正》的全文收入《集刊》第十本中印行了。这对我实在是一次极大的鼓励。稍迟，当时移居桂林的陈寅恪先生也写来一篇对我极加称许的《〈宋史职官志考正〉序》，但未来得及编入《集刊》第十本中。

1941年日寇突袭美国珍珠港之后，日寇日趋灭亡的形势已出现，然而，国内的战局却还在日益困难，陈寅恪先生赴英讲学之约已绝无可能实现，而在香港沦入日寇手中之后，他因多次受到日寇以及北平、南京两伪政权中附逆的民族败类如钱稻孙等的逼胁，遂急遽逃至广西桂林。傅先生当时是想把陈先生请到李庄这个僻静的地点来的，他不但自己写信给陈先生，也叫我写信给陈先生,说明此意,陈先生也回信给我,说很有可能是要来李庄的。但后来成都的燕京大学也发出邀请,那里的生活条件自然远非李庄所能比,陈先生便到成都去了。

在此我要附说另一件未能实现的事。当史语所的全班人员和全部文物图书都已搬运到李庄的时候,"五四"前后在北大任文科学长的陈独秀在长期坐牢得释之后,在40年代前期也正居住在四川江津一个邓姓人家,主要是为了就医治病,但还经常地关心时事,有时还发表政论、骂一通斯大林之类的文章。大概是在1942年内,在劝请陈寅恪先生移居李庄的同时,也派了语言组的丁声树先生前往江津,希望把陈独秀也请到李庄,在那里安心地搞他的文字学。可能因陈独秀并不甘心置身于寂寞之滨,重度一番学者生涯,以至邀请者虚此一行,此后也就无人再谈论此事了。然而我们不妨设想一下,假如这两位陈先生都能命驾到李庄,并在那里收徒授业,则当日的李庄小镇岂不更要平添一幅富有传奇性的景观了吗?

六

我离开李庄去重庆时,傅先生写了一封信给朱家骅,要我持信去见他。朱与我相见后,要派我到甘肃的天水去做一所国立中学的校长,我未同意。遂又经一友人介绍,到一家名叫"中国文化服务社"的出版社任编审,主要是主编一种名为《读书通讯》的刊物，另外还拉了钱穆先生的《刘向歆父子年谱》、徐炳昶先生的《先秦史》（书名似不如此，现已记不起来）、劳干先生的《秦汉史》等书，在该社作为专书出版。该社社长刘百闵，也是国民参政会的委员之一，他对傅先生也很敬重。他曾对我说，傅先生每次在会上发言，都精彩动听，只是他每每出口成章，随口引用古书语言，恐怕有很多参政员未必听得懂。他特别托我向傅先生要了一部《性命古训辨证》阅读。

傅先生和我自己都不认为"中国文化服务社"是我可以久留之地，当他一次与国民党中宣部的正副部长张道藩、程沧波会面时，又谈及我的工作问题，他们二人都表示可以介绍我到复旦大学去教书。傅先生遂又亲自写了一封信给他们两人，介绍了我的一些情况，说我不论在教学或在学术研究方面，能力都很强，若在北大、清华可聘作副教授等等。我持函去中宣部，张道藩正外出，与程沧波晤谈之后，程未再自己写信，即把傅先生的原信转寄复旦大学的章益校长。大概是 1943 年的五六月间，复旦大学即来函，聘我为该校史地系副教授，7 月初我即到校报到了。后经复旦的一位资深教授告知，章校长是陈立夫派系中人，而傅先生则是朱家骅派系中人，两派虽形同仇敌，但章校长却深知傅先生为朱派中最有学问、最有本领的人，所以傅的推荐信最起作用。假如由张道藩或程沧波直接推荐，倒反而可能办不成。

1944 年春，美国政府拨出一笔专款，作为救济中国的文化教育之用。西南联大的教授会表示，绝不接受这种嗟来之食，而其他文教机关则均无此表示。复旦大学则经校务会议（？）决定，凡正教授均可领取此项补助，凡副教授均不能领取。我是副教授，当然不能领取。及傅先生知道这一情况之后，遂即致函主管这笔资金的机关，特别为我申请了一份。

1942年春在重庆举行了一次全国历史学家的会议，后方各大学的知名历史学教授大多出席了，傅先生是会议的主持人之一。（我那时还未到复旦史地系教书，当然没有出席这次会议的资格。）在会议结束后，当时国民党内主持文化活动的潘公展，宴请了全体出席会议的人员，要请他们为他（潘）所主持的胜利出版社拟定编印的历代著名人物的传记各承担一种。在我的师友中，我得知姚从吾应允撰写一本《岳飞》，吴晗应允撰写一本《明太祖》。出版社的计划是要在1944年底把这套丛书全部印出的。但姚从吾先生当时不但在西南联大教课，还是西南联大三民主义青年团的负责人，无暇顾及撰写书稿的事。因而到1944年春，他把此情况通知出版社，出版社便乘傅先生又去重庆开会的机会再去找他，请他代为指定另外的人撰写此书。傅先生因对我写的《陈龙川传》还留有印象，当即回答说："到复旦大学去找邓广铭写。"当该出版社的总编辑印维廉到复旦找我，说明来意之后，我当即把这一任务应承下来，但迁往重庆北碚的复旦大学，也与其他内迁大学一样，沪上原校图书全部未能随校迁来，北碚复旦图书馆藏书实在不多。我便又通函征得傅先生的同意，于这年暑假再回李庄，去搜集有关岳飞的资料。在李庄共住了3个月，回校后就利用这些资料于1945年初把《岳飞》写成，向出版社交了稿。到侵华日寇宣布无条件投降之日，恰恰是这本《岳飞》印成发行之时，此事使我既感高兴，又感荣幸，且将永记不忘。

重返李庄搜集岳飞资料时，我在1936年完成的那篇毕业论文《陈龙川传》，直到这时才得在重庆的独立出版社排印出书，我随身带了一本送与傅先生，此书的初稿，在我毕业前夕傅先生就曾在胡先生处翻阅过。但事隔七八年，翻看时的印象可能已经淡忘，在看了这次的印本之后，他却向我谈了述写陈亮状元及第那一章，大意似说，我对当时那班参加进士考试的举子们的思想情况，未免有些鄙薄得过分了。但他对陈亮这位一生奔走呼号、力主抗金的爱国志士，对于我所撰写的这本《陈龙川传》，基本上还是加以肯定的。

傅先生对我在复旦的教学情况也很关心，当我向他汇报说，我担任的中国通史课程，暑假前只讲完唐代，傅先生听后说，既然是通史，就不应只讲到唐代。在这个暑假之前，当傅先生又去重庆的日子里，在抗日战争中为国捐躯的张自忠将军的胞弟，经人介绍拜访了傅先生，希望傅先生能为张自忠将军写一篇传记，以表彰他的忠勇节烈。此事当亦傅先生之极所愿为，故亦应承下来。在看过我的《陈龙川传》印本之后，他又联想到此事，便提到要我帮他一起撰写，我当然也很愿意参与此事，所以也毫不迟疑地答应下来。傅先生随即向我说道，比较难于处理的是张自忠由天津到北平，宋哲元让位给他和他几乎陷入日寇的虎口，以后如何机智地从北平逃出诸事。傅先生说，是否可以参考关公为曹操所擒，困居曹营且为之立功诸事，但也觉得并不切合。在此次的谈话中，终未想出适当的处理办法，我就告辞了，且后来也仍然没有商谈何时动笔写作的事。

傅先生是一个对"家事国事天下事事事关心"的人（也许把"家事"改换为"学术界的事"更恰当些），即使在李庄家中闲居之日，他也是终日考虑这样那样的问题，他的脑子无时能感到轻松和消闲。1945年夏，日寇投降，他从此就更成了大忙人，为张自忠写传的事，遂致再也无暇顾及了。

七

我在80年代看到傅先生于1945年8月17日写给蒋介石的那封信之前，完全不知道在抗日战争胜利之后，蒋介石原是想以傅先生任北大校长的。在看过此信之后，对蒋介石当时之舍胡而取傅的原因，也仍然感到莫名其妙。从1945年的秋冬，到1946年的10月傅先生离开北平为止，在此期间内，我与先生相见的机会颇为不少，他对我却从无一言谈及此事。他曾向我说过他为何肯做代理校长的事，说其中的原因之一是，假如别人代理，可能就要设法"转正"，不再让胡先生来就任了。

傅先生做了北大代理校长之后做的最重要的一件事，是飞昆明处理因国民党军队杀害西南联大学生而引发的一次学潮。在由昆明回到重庆之后，又发表了一次引起轰动的言论，则是：凡是在伪北大任职的教职员，北大复员后，一律不予聘用。在重庆的教育界、学术界，对傅先生的这一主张只不过略有纷纭意见，而在北平伪教育部和伪北大那班伪员们，闻悉之后却大为骚动不安，由周作人、容庚领头纠集了一些人，也写了一封公开信，对傅先生的不用从伪人员的主张大肆攻击。他们还把这一公开信专函抄寄傅先生，署名的却没有容庚以下诸人，只是周作人一个人，我当时也正从北碚到重庆看望傅先生，傅先生立即把此信转与我看，并要我代他写一回信给周。我看了周的来件后，觉得非常奇怪：他自己置身汉奸群丑之间达8年之久，在信中并无丝毫忏悔和自怨自艾的表示，而竟然理直气壮地对傅先生无理取闹，甚至向傅先生发狂言说，你今日以我为伪，安知今后不有人以你为伪等等，实在是无耻之尤。傅先生当即痛斥他说，今后即使真有以我为"伪"的，那也是属于国内党派斗争的问题，却决不会说我做汉奸；而你周作人之为大汉奸，却是已经刻在耻辱柱上，永世无法改变了。对于写回信给周作人一事，我却表示无力承担，因为不在沦陷区，对周作人做汉奸期内背叛国家民族的具体罪行，我都不甚了然，无法加以揭露和声讨。周作人的此信后来似乎在重庆的一家报刊上刊出了，至于是否有答复文件，以及如何答复的，我现在都完全记不起来了。此后不久，南京政府把周作人押解到南京去受审，容庚等人大都离北平另谋出路。到傅先生1946年5月抵达北平之日，一些伪员们已作鸟兽散，不能再兴风作浪了。

傅先生在由昆明回到重庆后，就住在重庆，再没有回到李庄去，他这一时期的主要工作是为北大各院各系聘请主要的负责人、主要的教授。这时候，国民政府的教育部已经决定把抗日战争前原有的北平大学撤销，把该校原设的工、农、医三院并归北大，这样就使原仅文、理、法三院的北京大学，扩大为6个学院了。当时即使文、理、法三院的教学人员也都不齐全，所以，傅先生在那一时期便全力延聘一些知名人士到北大各学院任教学职务。我当时每到傅先生处，他都要我替他写一些信件，也全都是属于这类事体的。有一次，傅先生向我说道："各学院的主要教授，最好能在胡先生到校以前尽量聘定，因为胡先生是一位性善主义者，对人没有严格要求，教授若全由他请，那可能会弄得很糟糕的。"当时，朱光潜教授已确定重回北大任英语系主任，他向傅先生推荐杨人楩教授到北大史学系教西洋史，说他教学很行，可是不容易伺候。傅先生对朱说："只有北大伺候得了的人到别校未必伺候得了，绝不会有在别校伺候得了的人到北大反而伺候不了的。"所以就把杨聘来北大任教了。他向我说，决定要我回北大史学系任教，也与此事相先后。

复旦大学为迁返上海作准备，全校的课程都在1946年4月下旬结束，我把学生的考卷评阅完毕之后，就去重庆看傅先生，他当时已决定于5月4日飞北平，并即嘱北大驻渝办事人员为我准备飞北平的机票。我是5月7日到北平的。5月8日我到北大校长办公室去看傅先生，傅先生见我后说："你来了，很好，我现在实在忙得很，你来了正好帮我的忙。"遂立即招呼工友搬一张桌子到校长办公室来，作为我的办公桌。从此以后，各个办公室的人员便都称我为"邓秘书"，其实，傅先生只是聘我回北大史学系教书，并未要我兼作办公人员，然而我从此即成为一个冒名的"校长室秘书"了。

傅先生到北平后，所抓紧进行的主要工作，一为各学院的校舍和教职员、男女学生的宿舍，二为办学的经费，三为继续聘请教学人员。对校舍、宿舍等事，大概都是与南京政府派来处理敌伪逆产的人员去交涉，而且大都是由他本人或已经来平主管总务的人员去交涉，我所知情形不多。但我似乎觉察到在抗日战争以前，北京大学与清华大学不同，对教职员是不提供宿舍的，全都由他们在各街巷租房居住，因此，负责总务的人对争取教职员宿舍一事并不积极，认为如由校方提供，以后的麻烦必难以应付。但傅先生看到抗战期内大家流离失所的情况，认定教职员的宿舍也非由校方全部提供不可，所以，他为了此事所操的心、所费的劳力也特别多。

北京大学由3个学院扩大为6个学院，此事自然在抗日战争后的重建时期为代理校长的傅先生增加了不少麻烦，但在当时，傅先生也必为此而极感高兴。就在1946年的五六月内，在20年代的后期曾任北平大学校长的李书华先生，到傅先生家中拜访，谈话之间傅先生向李书华说："当年你们想把北大吞并到北平大学去，没有成功；今天，你们所设的工、农、医三学院却都归并到北大来了。"当时有人闻知此事，以为傅先生不免有些自鸣得意，我却以为这必是因为，当北平大学创建之初，竟把北京大学撤销，裁并为北平大学所属的"北大学院"，后经北大师生的复校运动，虽终于又在1929年恢复了北京大学，但直到抗日战争胜利之后，傅先生胸中余恨必犹未全消之故。傅先生北大意识之强烈，于此也可见一斑。

对于筹措经费的事，傅先生主要是仰仗当时任教育部长的朱家骅。傅先生回国之初，即为任中山大学副校长的朱家骅延聘为中山大学文学院长和中文、历史两系的主任，在共事的过程中，两人成为莫逆之交，终生未变。我曾不止一次替傅先生写信给朱，每次皆由先生口授，有一次似乎还有比较急躁的话，说如果不蒙以大力解决此事，则弟实无法再留此撑持这一局面云云。朱之对傅，基本上是言听计从的，所以友情能永恒维持，且愈来愈显深厚。朱氏为官场中人，凡其属于纯政客性质的行为，亦即要搞些不太磊落正大的举动时，他也从来不敢去干求傅先生参与。例如他要向蒋介石献九鼎时，他只敢求顾颉刚先生去撰作铭词（据闻，顾先生也是请别人代作的），却决不敢干求傅先生作。在朱氏的友人当中，傅先生既直，且谅，且多闻,真乃孔子所谓"益者三友",而绝非与之同流合污的人。在此,我想附说一段闲话。《胡适日记》曾载,当傅先生在胡先生家与丁文江先生初次相见时,胡先生介绍说:"这就是你当年立志要杀的那个丁文江。"二人相识不久就成了在学术事业上协力奋进的挚友。但在胡先生说过这句介绍词,在丁先生别去之后,傅先生却对胡先生说:"你这玩笑开得太大了!"按实说来,胡先生所开的这个太大的玩笑,还有另一半并未涉及。据毛子水先生亲口告我,傅先生留学德国时,在其所发牢骚话中,他立志要杀的是两个人,一为丁文江,另一个则是朱家骅。这大概是因为傅先生当时对此二人全不相识,也全存在一些误解之故。后来的事实却证明,倘无朱氏的大力相助,傅先生在回国初年,在其才能、智力、学术思想的发挥等方面,可能完全是另一种情况的。

傅先生的朋友,有许多人都称赞傅先生在办研究所和办大学时的要东西、要材料和要经费的本领,这在他做代理校长期内也都有具体体现。单就其筹措经费一事来说,我在上文虽说他主要是依靠教育部长朱家骅,这从行政体制上说当然是最正常的办法,但在此以外,他也仍然采用一些非常规的办法。例如1946年6月蒋介石来北平,有一天约傅先生与他同游文丞相祠,傅先生即乘机向蒋陈说了北大目前所遭遇的某几项重大财政难关。蒋要他写一书面报告,以便批示照办。傅先生返校的当晚,通知我去办理此事。当由傅先生口授拟定的初稿进行誊清时，我刚写了开头的"主席钧鉴"四字，傅先生觉得写得不好，便请当时在场的汪敬熙先生写，汪不肯，傅先生便自己执笔誊写，但在写了开头四字后仍觉得很不满意，最后仍是由我把全文誊清，第二天送往蒋介石的寓所，由他亲自写出批示，终于使北大渡过了一次大的财政难关。

傅先生在1946年来北平后，把他的全副身心都扑在北京大学的复员和重建的事业上，操心和劳力会使他感到疲累，但同时也会使他感到慰藉。因为这毕竟是为全国的最高学府，为全国文化事业的振兴而倾注他的心血，但也因此我虽在此期间经常侍从在他的身边，却再也不能如当年在课堂上听他讲课那样，或像他在李庄家居时那样，得以随时听到他在学术上的一些卓见，以及在治学方面受他的亲切指导了。尽管如此，我却从他处理学校行政的方面，从他处事接物的方面，看到一个伟大学人恢宏的风度、弘通的见地、敏锐的思想、笃实的践履，无一不是足以为人师表。

清初的顾亭林曾为学人定出一个客观的标准和要求，叫作"博学于文，行己有耻"。他当时所说的"文"，无非指中国历代的典籍与文献。而在今天，则对这个"文"字的内涵和外延全须加以深进和展拓。例如既须包括一些外国语文，还须包括一些近代新兴起的学问之类。但是，即使对这个"文"字赋予最近代和最高境界的解释，傅先生对"博学于文"一语也是当之无愧的。而傅先生的不满55岁的一生，有一些极重要的段落皆处在与文化界或政治上、社会上的腐朽、邪恶、反动势力的斗争之中,其高风亮节,证明了他真正具备了"出淤泥而不染"的操守,称其为"行己有耻"岂不还是属于比较低调的评价吗?

(《台大历史学报》第 20 期,1996 年 11 月)

胡适在北京大学

(一) 胡适为什么把北京大学视同母校

在唐德刚先生关于胡适先生的杂忆中,似乎曾说:"胡适之先生是把北京大学和美国的哥伦比亚大学都看做他的母校。"胡先生的博士学位是从哥伦比亚大学得来的,哥伦比亚当然是他的母校。但他在出国留学以前,是在上海的中国公学读书的,与北京大学一直没有关系,为什么他也把北大看成他的母校,根据我所得的传闻,大概与以下诸事有关。

首先,他到北大做教授,是于 1917 年暑假后,由当时的北大校长蔡孑民先生请来的。那时候,蔡先生虽然提出了兼容并包的办学方针,实际上弥漫在北京大学师生间的学术气氛仍然是以保守势力占优势。对于从外国回来的留学生,特别是对于提倡白话文,年方 26 岁的胡适先生是抱着极大的怀疑态度,甚至根本是瞧不起的。例如当时讲授中国古代文学史和文字、音韵等课程的刘师培和黄季刚等人在教员休息室内造成一种气氛，总是对新派的学人和学说都极尽非笑和轻蔑之能事。胡先生的白话诗中有两句是"两个黄蝴蝶，双双飞上天"，因此黄季刚等人就把胡戏称为"黄蝴蝶"。据说当年刘半农先生之所以去法国专攻音韵学，就是因为受不了这种精神上的压力之故。而胡先生呢，则自强不息，在他所担任的中国哲学史这一课堂上，能够吸引大量的具有深厚旧学根底的学生去选听这门课程，造成了能够与旧派人物相抗衡（如果不说压倒的话）的气势。

其次，我还听说这样一个故事：在当时的北大校刊上登了一篇署名毛准（即毛子水）的文章，是从文字学、音韵学等方面解释《诗经》当中的某一篇。这篇文章深受胡先生的赞赏，胡先生打听作者是什么人。后来才知道作者是一个学生，而且是数学系的学生。这使胡先生感到十分惊诧："北京大学的一个数学系学生竟能写出这样的文章，北京大学真当得起是藏龙卧虎之地！"这对于胡先生本人也起了很大的鞭策作用。可惜毛子水先生已不幸于不久前逝世了，否则的话，倒可以向他去对证对证了。

附带说一件事，毛先生因为得到了胡先生的赏识，此后，便经常出入于胡先生家，后来他到德国留学，学习地理，回国后又到北大任教，并兼任图书馆馆长。这时胡先生正做文学院院长，他仍然经常是胡先生家的座上客，以至于有人把毛先生戏称为"胡宅行走"。

就是因为诸如此类的一些事情,所以,胡先生自己感觉到北大对他个人的学术成长起了很大的促进作用,因此,尽管他出国以前,不曾在北大读过一天书,但是他总把北大视同他的母校。

(二)胡适和傅斯年的关系

傅斯年先生在北京大学原是国文部的学生,他对于文史哲各方面的典籍是具有深厚根底的,本来是黄季刚先生的得意门生。其人才华横溢,学识渊博,对于留美归来的胡适先生居然讲授中国古代哲学史的课程这件事,在他,本来也是以轻蔑的眼光看待的。还因为他是国文部而不是哲学部的学生,所以不去听胡适的课。但和他同住在北大西斋的一间宿舍的哲学部学生顾颉刚,也是一个国学根底很深的人,两人因有共同语言,平时关系很好。顾颉刚在听了多次胡先生的哲学史大纲课程之后,感到非常受益,非常满意。因此,他就拉了傅斯年先生也去听课。同样是在听了几次讲课之后,他同样感到非常受益,非常满意。于是后来逐渐拳拳服膺于胡先生和陈独秀先生等新派人物的主张。在这之前,陈、胡也早已知道傅是黄季刚的得意门生。有一次国文部的学生上书给文科学长陈独秀,要驱逐一位教师,文章写得很好。学生说是傅斯年所写,陈独秀则认为一定是另有教授在背后为捉刀人。因此,把傅叫来,当面命题,令其应试。傅把文章写成之后,深得陈的赏识。陈知道傅确是一个名副其实的高材生。然而当傅从黄门转到胡和他的门下时，陈和胡却很有疑虑，认为很可能是黄季刚派他来搜罗新派人物的缺失，作为攻击靶子的。经过缜密的观察，才深信傅的这一转变确实是出于思想的转变。据说黄季刚也向人宣告：傅斯年背叛了我。再以后，傅斯年和罗家伦就成为学生中新派的代表人物，由他们主编的《新潮》杂志（主要作者是学生）得到了鲁迅和周作人等人的支持，与陈独秀主编的《新青年》（主要作者是当时的教师）成为五四时期传播新思潮的最风行的刊物。

从此以后，胡、傅二人之间逐渐地突破了师生的关系而成为交谊至深的师友关系。

到了30年代初期，胡适、傅斯年、翁文灏、丁文江、蒋廷黻诸先生共同编刊了《独立评论》，印刷、出版、发行等费用全由他们个人出资支付。他们在这个刊物上随时发表各自对于某些学术问题和政治问题的意见。例如，当时的国民党要员提倡读经，而胡、傅先后在《独立评论》上发表文章，大力表示反对读经。但他们这几个人的政见也并不完全相同，一般说来，胡先生和傅先生的主张是要争取欧美式的民主，而丁文江和蒋廷黻两人则倾向于专制和独裁。记得丁文江在该刊上发表过《假如我是蒋介石》和《假如我是张学良》，似都曾成为当时很引人注意的文章。丁文江于1936年1月在长沙逝世后，独立评论社的同仁为他编刊了纪念专号。该刊也曾发表过触犯政治当局的言论，以致曾经一度遭受过查封，但不久问题也就顺利解决了。因为实际上该刊的主编是胡先生，他从来对于政治是不发表过于激烈的言论的。

抗日战争爆发之后，胡先生做了驻美大使，他在美国的一些外交活动，很受到蒋介石政府许多上层人物的不满。后来，蒋介石便派了宋子文去美国做特使，致使大使的职权被剥夺了大半。这时候，傅斯年先生是国民参政会的参政员，他经常在参政会上"放大炮"：时而弹劾孔祥熙，时而又和蒋介石的嫡系人物展开论辩。而对于胡先生的声誉他却一直备加维护，绝不许别人作任何带有贬义的评论。他向人宣称：别人都不配斥责胡适之，只有我一个人有此资格。其实，他对胡先生也从无贬抑之词。

抗日战争胜利之后，宋子文任行政院长，把原任北大校长的蒋梦麟也拉进行政院去。教育部公布胡先生继任北大校长。胡当时虽早已卸任驻美大使，但仍留居美国纽约搞学术研究。所以教育部在公布胡任北大校长的同时，也公布了傅做代理校长。傅也乐于代理此职。他当时向人表示，只有他做代理校长，等到胡回国之日，才能顺利地把校长职务交与胡先生。倘是别人，就怕要在代理期间另作策划，由代理而转成正式校长，使胡无法接任。傅在代理期间，关于聘请教员，特别是文科各系教员的事，有时并不与胡相商，即自作主张，事后，胡也从无异议。从《胡适往来书信集》来看，当时傅反对罗常培再任北大中文系主任，而胡后来果然就自己兼了中文系主任。所谓"心有灵犀一点通"者，用在他们两人身上，大概再切合不过了。

（三）胡适任北大文学院长时期的几项改革

胡先生于 1930 年由上海中国公学回到北大，他在中国公学的得意门生吴晗也要跟随他到北大来。当时北大的规定是不论任何系的转学生都必须先参加新生的入学考试，考取后再考一次插班的课程。吴晗的新生入学考试未能及格，因此转学北大的计划未能实现，这使得胡先生甚为恼火，成为他后来对招生办法进行改革的原因之一。他所改革的办法是：第一，对转学生只应考他插班的课程，而不应当先通过新生入学考试。第二，新生的入学考试，文理科的科目应有所区别。他所规定的文科新生入学考试的科目是：英文占 40% 的比分，国文占 30% 的比分，史地占 20% 的比分，数学占 10% 的比分。其中如有一门得了零分，其他各门无论考得多好，也不予录取。这里附带说一个故事：大约在 1934 年，沈从文的妻妹张充和当时被人称为张四小姐，投考北大，国文试卷得了 100 分，这份试卷的书法也非常好，英文和史地的分数也都及格，但她的数学试卷却是零分。注册科的工作人员在统计了分数之后，把这一情况向胡汇报，胡对于张充和的才华素有所知，便想出了一种变通办法，即把她录取为试读生。到读完一年之后，张的各科考试成绩都较好，就转为正式生了。

他的另一项改革是规定文科诸系的新生都必须修习科学概论、哲学概论和中国通史。负责组织这三门公共必修课的系主任，都须先作一番通盘考虑，定出全年的教学计划，然后按照每次的课题邀请著名学者来校讲授。例如中国通史的安排，第一次讲史学研究方法导论，是邀请傅斯年先生讲授的；第二次讲中国的考古学，是邀请李济先生讲授的。对于科学概论，也是分学科邀请著名教授来校讲授。例如，请丁文江先生讲地质学的方法导论，请江泽涵先生讲数学的方法导论，请曾昭抡先生讲化学的方法导论，请汪敬熙先生讲心理学方法导论等。哲学概论则由张颐、贺麟、金岳霖诸先生讲授。

胡先生本人则从未担任这三种课程当中的任何一种。几月前，看到钱伟长先生有文章说，胡适、钱穆两位先生曾在北大同时讲授中国通史，一个在上午讲，一个在下午讲，后来胡因为比不过钱穆先生，因此就全归钱先生一人讲授了。此话与事实颇有出入。大家分担中国通史的这一做法只实行了一年，后来就改由钱穆先生一人担任了，这确是事实。其所以如此，是因为每次邀请一位学者来校讲授一个专题，组织工作十分费力，所以就把钱先生的其他课程负担减轻，要他一人独自承担了。钱穆先生的名著《国史大纲》就是以当时的讲义为基础修订而成的。

（四）担任北大校长时期的胡适

胡适先生于 1946 年 7 月初回国，7 月底飞回北平。在他就职的欢迎会上,清华等校的代表也参加了。冯友兰先生在发言时说:"胡先生出任北大校长,是一件应乎天而顺乎人的事,就全国范围来讲,再没有比胡先生更合适的人选了。"这话在当时是很有代表性的。胡先生在致辞中曾说道:"我在抗日战争期间,对于国家的贡献,实甚微末,虽然做了几年的驻美大使,但是没有替国家借过一文钱,买过一支枪,甚感惭愧。"在这种谦逊的措辞背后,未尝不寓有自负清高之感。

　　胡先生对于北大文科各系的学风也有他的不满之处。例如他兼任了中文系主任之后,他曾向人表示,他很想把中文系某些教师的烦琐考证风气加以扭转,使他们能做到他所主张的"大处着眼,小处下手"。当史学系主任姚从吾出任河南大学校长之后,他也想要把史学系主任兼起来,以便对史学的研究方法有所改进。但是他又想已经兼了中文系主任,不宜再兼一个主任,所以后来就由秘书长郑天挺兼任了,而他自己则在史学系开设了史学方法论这一课程,想在学生中间养成一种他所认为正确的学风。在这期间,他还想到抗日战争以前北大史学系的主任陈受颐(他的英文很好,抗日战争期间,经胡先生介绍,在美国一个大学任教),他很担心陈氏日后怕要转入美国籍,便极力请他回国看看,意思是仍要留他做史学系主任。但陈回来看到国内情况并不稳定,于是只在北平住了一个短暂时期,就又回美国去了。后来,胡先生一直摆脱不掉许多政治活动,他能够上课的时间越来越少,所以,不论在中文系或历史系，他都没有能够起到他所要起的作用。

他任校长后，碰到的第一次学潮就是因为北大先修班的一位女生被美国大兵污辱而引起的抗暴运动。在北平的大学生为此举行第一次大游行时，胡先生刚从南京回到北平，他这时一方面尽力安抚学生，劝说他们不要上街示威游行；另一方面，也作为受害女学生的代表人，亲自出席法庭，控诉美国大兵的野蛮行径。后来由司法部门应美方要求把这一案件转移到美国去审理。胡先生当时曾向人说，这将是对美国司法部门的一次考验。但事实上，美国那个大兵后来被判定为"无罪释放"，胡先生也莫可奈何了。

在胡先生任北大校长期内，南京政府统治下的局势动荡不安，各地的学生运动风起云涌。胡先生出任北大校长以后，他认为凭借他自身的威望，可以起到坐镇北方教育界的作用。每当北大或北平的其他高校学生因从事学运而被捕时，他无不竭力加以营救。就他的立场来说，他当然不是为了要维护革命势力，而只是反对国民党政府的这种高压政策，认为这样做会适得其反，更要激起学生的愤怒，惹出更大的乱子。但是，蒋介石对于这一点并不理解，所以前后有几次要把胡先生拉到南京去做官。例如，有一次是要他去做南京政府委员。在南京的傅斯年先生就写信给胡先生，力主他应断然拒绝。蒋介石当时还辗转示意给胡先生：如不去南京做官，也可以出面组党，或者主办一个政论刊物。胡先生则既不去南京做官，也不组党，也不办刊物。前两事似乎都无须解释。他对后一件事情曾向人说：过去我主办《独立评论》是由我和傅孟真（即傅斯年）、丁文江等人合力出资编刊的。现在物价大涨，我自己决无这种财力，但如向政府要钱，那我就无法独立发表意见了。他当时还曾向人表示，他既已做了北大的校长，就希望能够做他个十年八年，以求能做一些成绩出来，否则既对不起北大，也对不起自己。

胡先生既然打算在北京大学校长任上干他个十年八年，既然一心一意要把北大办成具有国际地位的大学，所以在1947年，他就发表了一个"十年教育计划"，向政府建议在五年之内集中财力发展北京大学、清华大学、中央大学、浙江大学和武汉大学。他认为这五个大学在设备和师资队伍方面都有较好的基础，集中力量来办理，收效当能较快。这当时惹起了五校以外的许多校长的反对，因此这项建议也未能实现。还有一件未能实现的事：当胡先生还未回国就任校长之前，任北大理学院院长的饶毓泰就与他函商，一定要把钱学森和郭永怀从美国请来北大任教，以便使北大在物理学、力学方面能有突出的发展。但因为二人当时难于离美，未能实现。在胡就任校长之后，与他的第一点建议相先后，胡先生还曾向当时的国防部长白崇禧、参谋总长陈诚写信，建议在北京大学集中全国第一流的物理学者，使他们能专心研究最新的物理学理论和实验，并训练青年学者，把北大作为原子物理的研究中心，以为国家将来国防工业之用。他所开列的名单如下：钱三强和他的夫人何泽慧女士、胡宁、袁家骝和他的夫人吴健雄女士、张文裕、张宝燧、吴大猷、马仕俊。他认为以上九人可谓极全国之选，并都已答应到北大来，有的且已接受了聘书。其所以必须把他们集中到北大，是为了不致分散各地，以便发挥最大的优势，收得最大的成效。在信的最后，他并且说，此议倘能得到两位先生的同意和赞助，那就可以断言，我们在四五年内一定可以做出满意的成绩。不幸的是，胡先生之出任北大校长，真所谓"受任于败军之际，奉命于危难之间"，当时的南京政府军政大员对于北平之能否保守得住，都已经失掉信心，怎还肯来赞助这一计划使之实现呢？

胡先生在担任北大校长期间，曾屡次向人表示说：蔡孑民任北大校长期内，修建了一座红楼；蒋梦麟任北大校长期内，修建了一座图书馆；我在做校长期内，总也应当为北大修建一座值得永远纪念的建筑物，我是想能修建一座礼堂。后来他就正式向总务负责人提出，而且与建筑学家梁思成几次商洽此事。梁回复他说：如果想修建一个容纳千人以上的礼堂，那就和一般小型礼堂大不相同，必须设法多造出入口，以便一旦发生事故时，能在一二分钟内把礼堂内的人员全部疏散。无奈那位总务先生是一位顾虑很多的人，他暗自思忖，如果真修成一座大礼堂，各校的学生们要借用这个礼堂作为经常开会的地方，那将如何是好。所以他对胡的这一意图采取敷衍态度和拖延做法，既不反对，也不认真筹措，以致到1948年冬，胡离开北平之日为止，这个礼堂仍然是个空中楼阁。

（原载《燕都》1990年第1期）

我与北大图书馆的关系

我是在 1930 年的秋冬之际到北平来的,那时各大学招考新生的日期早已过去,然而我在山东第一师范读书时的同班好友李广田却正在读北京大学预科的二年级,我就完全依靠着他,在沙滩的中老胡同租了一间民房居住,一日三餐都和他在一起。他去上英文、历史和古文名著选读等课时,我也都随同他一起去上课,凡没有课程的时间,我也跟他一同到红楼二层的图书馆阅览室里去借阅一些英文书籍。根据我的记忆,好像主要是借阅一些俄罗斯诸作家的短篇或长篇小说的英译本。原因是:一是尽量提高自己的英语水平以便投考大学,二则在那时总感觉读俄文的原著不如读英文译本容易一些,我没有借书证,李广田向其他同学借了一份供我使用。总之是,当我还没有取得北大学籍的时候,我已经开始对北大图书馆充分加以利用了。

1931 年夏,我报考北大落榜,遂考入辅仁大学的英文系,从这时到 1932 年夏我又考入北大的史学系为止,与北大图书馆告别了整整一年。

我进入北大史学系读书时，北京大学已经购买了旧称松公府的一所大宅院，并已把图书馆从红楼搬迁到那里。松公府的主房是前后两进的四合院落，其两旁还都有跨院。图书馆把主房的后院作为书库，前院则分别作为报刊、中文书籍、外文书籍等阅览室。我当时虽仍与李广田同住在"东斋"的同一排宿舍中，却因为他读的是英文系，我读的是史学系，所以，不论在上课时，或在课外的业务活动，我与他在一起的时间就比较少了。

我住在北大东斋宿舍，到松公府的各个阅览室去读书都很近，距北海西岸的北平图书馆也不太远，步行大约20分钟可达。该馆当时落成未久，建筑和内部设备，用当时的标准衡量，都可以说是最现代化的。各种大本的参考书和工具书，都作为开架书，在楼上阅览室正中心以专柜陈列着，任阅览者随时取用。借书条交到出纳台后，很快就能把书送到借阅者桌案上。室内冬暖夏凉。这种种，都远非北大的各个阅览室之所能比。因此，我在北大史学系的一、二年级时，课外时间，特别是星期日，总喜欢到北平图书馆去读书，有时为了做作业或写文稿，也跑到那里。

用松公府的院落作为图书馆，只是北大校方的一种暂行办法，但我在当时却无从知道此事，只嫌这样的图书馆、阅览室未免过于简陋。因而，当我还在一年级时，便写了一信给蒋梦麟校长,向他建议:应当尽快向教育部申请专款,建一座类似或稍小于北平图书馆的新馆,如果教育部不肯拨款,向国内富豪与海外华侨募捐也未为不可。其实,到我进入二年级时,已经看到,在松公府的主院西侧,修建新馆的工程已经开始,到我进入四年级时新馆便已落成了。从此以后,我便又经常地跑到北大的新图书馆去,而较少去北平图书馆了。

北大新馆的最前面是两层楼房,楼上楼下都是东西相对的两个大阅览室。楼下西端是中文图书大阅览室,它的南壁和西壁都是大玻璃窗,北壁因无玻璃窗,便把一些最主要的丛书和类书例如《四部丛刊》《古今图书集成》等摆在那里,一律作为开架书,任读者各取所需。从书库中借出的书,在借阅者阅读未毕时,可以搁置在他所占用的阅览桌案上,许多天都不必一再办理借还手续。午饭和晚饭时间,也都有值班的图书馆管理人员。阅览室并不闭门,因而也从无在中午或下午下班时高声驱赶读者的事件。所以方便之至。对一个像我这样初入学术研究领域的人来说,只需在此阅览室巡视一次,至少也可增加许多图书目录方面的知识,这又是北大新馆为北平图书馆所不及之处。但这个阅览室夏天的西晒时间较长,有一分光便带一分热,使阅览者每每感到有难以承受的热烈,这却又是它远逊于北平图书馆之处。

我在读四年级时,曾与另两位同班同学为天津《益世报》编辑了一个《读书周刊》,由当时的图书馆长毛子水先生(新馆建成后馆长改为严文郁先生）担任主编，我们三人则轮流做执行编辑。每期的编辑工作，不论审阅稿件或核对引文，基本上也都是在北大图书馆的这间阅览室进行的。

进入四年级时，我选习了当时的文学院长胡适先生所开设的"传记文学习作"的课程。我选定南宋的爱国主义思想家陈亮作为研究课题，并决定写一本《陈龙川传》作为我的毕业论文。在撰作这篇传记的过程当中，我对于南宋期内浙东地区一些学者的著作广泛地加以翻读，这当然必须经常到图书馆里去搜讨才行。为了翻阅当代人有关陈亮和浙东学派中人如吕祖谦、薛季宣、唐仲友等等学人的论著，更必须到图书馆的报纸杂志阅览室里去查看。为了要查找某一种孤本或善本（现已记不起是什么书），我还去向张允亮先生（他是袁世凯的女婿，是版本目录专家，当时在北大图书馆任职，主管善本书）请教过。北大图书馆的藏书既极丰富，一些年老的工作人员也富有版本目录的知识，因而，走进了北大的新图书馆，随时都使我感觉到得心应手、左右逢源的效应，受益是非常大的。

更值得提及的一事是：吴廷燮编撰的《北宋经抚年表》和《南宋制抚年表》刚刚出书，我就及时地在北大图书馆的书目卡片柜中发现了它，并立即借出翻检。我发现，这两种年表虽是并不太厚的线装四册工具书，却是吴氏向有关宋代的史籍、方志、文集、杂记等等书册精心搜讨的成果，真正是取精用宏的备见功力之作。我并不认识吴廷燮其人，但我却由衷地钦佩他从事学术工作的这种精神和态度而决心加以师法。我的一位业师曾对史学工作者提出一个口号说:"上穷碧落下黄泉,动手动脚找材料。"我认为吴廷燮所做的几种年表(除上编两书外,还有《唐方镇年表》等),真正体现了这一原则。我在此后写作文稿时,特别是当我编写《辛稼轩年谱》和疏证《稼轩词》的本事、写作年月和互相唱酬、交往的友朋事历时,全都是暗自以吴氏的几种《年表》作为榜样的。这使我一生受用的一种积极效应,是否应归功于北京大学的图书馆呢?我总以为是应当的。

我在北大史学系毕业之后,留在北大文科研究所做助教,具体的工作是整理购自缪荃孙艺风堂的历代的拓片,但每天下午则帮助钱穆先生整理校点他为讲授中国通史的大课所钩稽的一些资料,亦即他后来编写《国史大纲》所用的那些资料。这时,在北大图书馆内,为文学院长、法学院长和文法两院各系的系主任都设有专用的阅览室,而实际上这完全是一种形式主义的做法,院长和系主任们真去利用之者并不多。文学院长胡适先生家中藏书甚多,当然更不去使用分配与他的那一间专用阅览室。忘记是在一种什么场合,我鼓足勇气去问胡先生,他在图书馆的那间阅览室可否借与我用,他毫不迟疑地答应了,而且立即打电话给图书馆的负责人,要他把那间阅览室的钥匙交给我。在此以后,我只有每个上午到文科研究所去整理拓片,下午和晚上,则全都待在那间阅览室里。校点钱穆先生讲授中国通史资料的工作似乎比较轻松,并不占用每天的整个下午,因而这间阅览室便也成了我自己的读书室、写作室、《读书周刊》的编辑室（创刊时的同学三人，只有我一人留在北大，所以《读书周刊》也由我独任执行编辑）。"藏焉修焉，息焉游焉"，全唯此室是用，它使我真正体会到从事学术研究的乐趣。只有在寒假和春假（当时春假为一周）期内，因我家住西城，距北平图书馆较近，改往该馆去阅读。

卢沟桥事变之后不久，北平沦陷于日寇手中，北京大学南迁。当时因南迁后的落脚点很难确定，便决定正、副教授以下的教员暂留北方待命。在日寇已经接管了沙滩一带的北大校舍和图书馆之后，我当然也不再到北大松公府的新图书馆去读书，而又专到北平图书馆去了（因为北平图书馆的主要经费来源是美国退还的庚子赔款，所以，直到太平洋战争爆发之日为止，日寇并未把它接管）。我在那里完成了《辛稼轩年谱》和《稼轩词编年笺注》的初稿，到1939年夏，我便奉调到昆明的北大文科研究所去了。

抗日战争胜利后，我于1946年初夏飞回北平，在北京大学历史系任教。那时候古旧书业极不景气，古旧书价贬值，我便乘机围绕我的专业，尽量购置一些图书，建立我自己的小书库。从此便不再经常到图书馆去，只是偶尔地去查阅一些在小书库中所不具备的文献资料了。

1992年3月5日写于北京大学之朗润园

（原载《文明的沃土》，庄守经、赵学文编，北京大学出版社，1992年12月）

我与《光明日报·史学》

《光明日报·史学》纪念创刊40周年。作为《史学》早期编辑,我也乐于谈谈我与《史学》关系的风风雨雨十四载。

一、《光明日报·史学》的创刊

《光明日报·史学》创刊于1953年4月。《发刊词》的第一句话便介绍说:"《史学》这个刊物,是由以前《进步日报》和《大公报》的《史学周刊》与光明日报的《历史教学》改组而成的。"

《光明日报》的《历史教学》副刊系由北京师范大学白寿彝同志主持。

《史学周刊》1951年1月13日创刊,刊载于上海的《大公报》和天津的《进步日报》。编辑单位为清华大学历史系、北京大学史学系和科学院近代史研究所,自1953年4月因报纸分工关系改组为《光明日报·史学》双周刊。编辑单位为三家，北大、北师大和近代史所。由范文澜、翦伯赞和陈垣任主编。

北大历史系担任执行编辑的是我；近代史所为荣孟源，大约1954年换为谢珽造；北京师范大学为白寿彝，后改为陈正飞。三个执行编辑每周都要到《光明日报》报社碰头、看稿以及决定稿件。

当时《光明日报》社因陋就简，每次我们去后，也没有固定办公室，经常变动，十分不便。后因我对此表示不满，范文澜便提议说，以后干脆归北大一家办吧。这样，《史学》自此便由北大历史系一家负责。

在北大历史系内，由翦伯赞指定三位同志与我共同负责编辑，有汪篯，不久即由田余庆、陈庆华和张寄谦接替。我们四人便一直负责到"文革"开始，1966年《史学》第一次停刊。

二、《史学》双周刊的选稿标准

《史学》是一份有关历史科学的综合性刊物，坚持从思想性、科学性方面选择文章，是史学工作者的共识，也是我们编辑《史学》所力图坚持的原则。值得提出的一点是，我们在《发刊词》中说，我们希望"空洞、冗长的叙述必须避免。同时，我们也不希望一来就是上下古今几千年，好像要在一个题目之下解决好多历史问题，而是希望抓住一些非常具体的重要而又为读者所要求解答的问题,进行比较严格的分析"。

当时正是盛行对中国社会历史分期问题等大作理论性讨论文章的时候。范文澜却主张在《史学》上不开展分期的讨论,因为讨论这类问题的大块文章,报纸是承受不了的,这个意见虽曾遭到反对,以为这是放着大菜不吃,专吃小菜。但此后的编辑方针,依然遵守范老的意见未变。

不卷入空洞的文字概念之事,是范文澜的一贯主张。他曾发表过文章《反对放空炮》,翦伯赞也主张"登文章只能为政治服务,不能为政策服务,否则永远被动"。今天回顾起来,这种择稿标准是正确的。

五六十年代,由于史学刊物较少,因此《光明日报·史学》在当时的史学界起了一定作用。许多读者对《史学》十分厚爱,常把引导方向性的责任期望于我们。我们主动提出中心议题开展学术讨论并获得成功的,要属1959年的关于曹操问题的讨论了。

开展这样一个讨论的缘由,是因为自1958年在史学界展开对资产阶级史学的批判后,其副产品便是一些史学工作者在评价历史事件与历史人物中的非历史主义倾向。因之郭沫若、翦伯赞等提出应正确地评价历史事件与人物问题,而选择了曹操这个在中国人所共知的历史人物作为突破口。

1959年2月19日,《史学》发表了翦伯赞的《应该替曹操恢复名誉——从〈赤壁之战〉说到曹操》,文章加了《编者按》,

欢迎大家参加讨论,继之吴晗也在《史学》上发表了《谈曹操》专文。自此,在《史学》掀起了长达几个月的论曹操的热潮,其他报刊也发表了有关文章。对历史人物和历史事件要进行既符合当时历史实际又符合历史发展动向的历史唯物主义的评价,这种看法得到了历史工作者的普遍支持。自此,一些史学工作者着重于对过去历史上的人物,特别是其历史作用与形象被歪曲的人物进行重新评价,如殷纣王等等;另一些社会科学工作者,更注意于从理论上探讨所谓历史主义、历史主义与阶级观点问题等等。从此而派生出的关于清官问题的讨论以及让步政策问题的讨论等等就直接导向"文化大革命"前夕的有关意识形态问题的论战了。

三、《史学》的风风雨雨

《史学》是否要继续办下去,我们曾遇到过几次风雨。

1956年,储安平担任《光明日报》总编辑后,可能是他感到《史学》专刊学术气味太浓,又占去刊载鸣放文章的版面,有碍于贯彻他的办报原则。因此他要把《史学》停刊,并还准备取消其他几个专刊。但不久形势急转直下,1957年6月8日社论《这是为什么?》发表。储安平离开《光明日报》,《史学》也就保留下来。

严格说来,我们四个执行《史学》编辑的人,只是职业史学工作者,而不是"报人"。我们只求把《史学》刊物办得扎实而不求紧密配合政治运动。同时,大家都是业余做这项工作,不能用大量时间为《史学》写稿或组稿。发稿的选择很大程度上受来稿所限。对于报纸的宣传群众、密切反映现实的任务不能完全符合。因此在选稿问题上、版面轻重安排上有时不免与报社意见不尽一致。报社常认为我们重考据。特别是60年代,报社不时选一些整理过的"读者意见"供我们参考。

1958年10月中旬,我们刊出第143号《史学》后,我突然接到报社打来的电话,通知我们《史学》立即停刊。我们四个负责编辑的人,本已为组稿、审稿、发稿诸问题所苦,接到这样通知,如获大赦。我们向主编翦伯赞汇报后,立即写了《告别读者》,登在1958年10月27日第144号《史学》上。

不料,才过几天,又接到报社打来的电话,让我们立即恢复《史学》,并不许中断。几经斡旋,报社才暗示我们,中央领导同志看到《告别读者》后,指示《史学》不能停刊,要继续办下去。我们事后得知,报社所说的这位中央领导同志就是毛泽东主席。在很久之后,我们更听说,毛泽东主席不仅每期《史学》都要看,而且对所刊载的文章给予批示不下十余次。

总之,我们没有再发一篇"致读者",就未加解释的把《史学》继续办下去了。

四、山雨欲来中的《史学》

1964—1965 年开展的"四清"运动的冲击波自然要震动《史学》这个专刊,这个时期,报社转给我们的读者意见,就不是什么重考据、重古代轻近现代了,而是提到《史学》的方向性问题。例如认为我们不重视在《史学》开展对资产阶级史学思想的批判;批评我们没有重视刊载"四史",说历史学刊物,"不登四史登什么!"于是自 1964 年 11 月 18 日《史学》第 296 号开始,大量刊登批判性文章,发了"四史"的专版。报社并且把《史学》刊头从阳文改为阴文(即从白底黑字改为黑底白字),大约是以示与旧的资产阶级方向决裂之意。

姚文元的《评新编历史剧〈海瑞罢官〉》在《文汇报》上出笼了。《文汇报》驻北京记者到北大搜集对姚文的反应。首先找到了陈庆华,继之又去访问了翦伯赞,他们全都多方为《海瑞罢官》维护,而对姚文元的这种批判文章则表示了极大的不满。

1966 年 2 月 1 日,北大历史系迁到昌平太平庄去办学,当时我还留在系里没有下去。《史学》处于勉强维持状态。一次我在《史学》上刊出一篇文章。大意是说,吴晗的《海瑞罢官》有许多与当时的历史事实不相符合,但绝对不是政治问题。我们政府官员哪里还会有反党反社会主义的?但不久之后,就有人对我说,"你的文章只是唱了个男低音",并说,现在已经透露了,《海瑞罢官》历史剧的要害是"罢官"。虽然我知道吴晗这个剧本写于庐山会议之前,与彭德怀罢官一事风马牛不相及。但我当时的思想状态是要紧跟上面精神。

不久,高等教育部召开座谈会讨论吴晗问题。会议主持人首先点名让我发言,我此时已随着批吴形势而不再保持低调。我便说,"吴晗问题是政治问题,他所写的一系列文章都是有政治目的的"。于是其他发言也跟着这个调子。这时在乡下的历史系事实上已在组织班子,在5月份以前就已印发资料,准备批判翦伯赞、汪篯和我三个人,无非是想转移目标以保将帅。

随着6月1日大字报,"文化大革命"开始,报纸版面整个改变,我们所编辑的《史学》也就停刊了。

大约是1972—1973年,《光明日报》曾在姚文元的示意下,酝酿恢复《史学》专刊。当时报社的一位同志拿着姚文元的批示找到我们几个人。批示大致是说:《光明日报》应恢复《史学》,仍由北京大学历史系协助,由上海史学家参加。我们就抓住"协助"二字对姚文元进行抵制,回答说,既然是由上海史学家"参加",而由我们"协助",那就先请上海的史学家们把《史学》复刊好了,到时我们是一定要从旁"协助"的。这样,我们就借用姚文元原话拒绝了姚文元批示。从此,我们即与光明日报《史学》断了编辑工作的联系。

(原载《光明日报》1993年4月25日)

我和北大

自从我在山东第一师范读书时,我就已醉心于北京大学,成了一个北大迷。原因是,北大是五四运动的策源地,是新文化运动的策源地,而新文化运动的旗手和主将,例如胡适、鲁迅、周作人、钱玄同等人,直到 20 年代中期,还都在北大任教,所以我对北大向往之至。

我本应在 1929 年夏间在山东第一师范毕业,可在 1927 年秋,我就因参与驱逐张宗昌(山东的军事善后督办)、王寿彭(清末状元,当时任山东教育厅长)委派来校的一位冬烘守旧的校长,而被开除学籍了。因我家贫,又无毕业证书,故虽依然向往北大,却不得其门而入。直到 1930 年冬,我才来到北京,进入一家私立中学的高三,取得了一张"文凭",但 1931 年夏我报考北大却未被录取,便考入辅仁大学的英文系读了一年。

据我当时所闻知:北大的文学院长为胡适,史学系的原系主任因翻印一本高中教材做自己的讲义而受到学生的反对,辞职离校,由傅斯年代理系主任。傅也是五四运动中的主将之一,是《新潮》杂志的创办人,当我在村塾中读书时即已知道他是"当今黄河流域的第一才子",所以也极为仰慕。在1930年的《燕京学报》上发表了《刘向歆父子年谱》的钱穆先生,据说也被聘到北大史学系任教了。钱的此文,发表不久我就读过,很钦服;1931年春在北大旁听胡适先生的中国中古哲学史,胡先生也提及此文,说它是使当时学术界颇受震动的一篇文章,说他本人和一些朋友,原也都是站在今文派一边的人,读了这篇《年谱》之后,大都改变了态度云云;这使我更知道钱氏此文的作用之大,它扭转了而且端正了从19世纪以来风靡中国学术界将及百年的一种风气,因而更加强了我对钱的崇敬之心。有这样一些大学者在北大史学系,我对北大的向心力便更加强大,所幸1932年我又一次投考北大时,终于被录取了。

北宋的苏辙,在进士及第之后曾写信给当时的枢密使韩琦,自述其学识进展的情况说,他出了四川后才知道天地之广大;过秦汉故都,见终南诸山和奔腾东下的黄河,才慨然想见古之豪杰;到了京城,看到了翰林学士欧阳修,听到他的雄伟博辩的谈吐,看到他的秀雅的风度,和他的朋友门生们交游,"而后知天下之文章聚乎此也!"我呀,迈进了北大的文学院,听了一些大师们的讲课,在课堂外与他们有了一些接触,听其言论,观其风采,而后知天下之学术聚于北大!这怎能不成为促使我天天向学、自强不息的强大动力!

我接触较多的胡适、傅斯年、钱穆三位先生，全都是毛主席在《丢掉幻想准备斗争》一文中所说的，属于帝国主义和中国的反动政府所能控制的极少数中国的知识分子之一，但这是对他们政治立场的批判，不是针对他们的学术观点的，这三人的学术观点和治学方法是并不相同甚至可以说是大不相同的，但有一点在此三人都是完全相同的，即他们不论在课堂上或在课外接触时，都对学生和后辈学人绝口不谈政治。假如有学生主动去找他们谈政治，即使是属于反共的或拥蒋的，他们也将对他十分轻视，因为，他们是专要培养做学问的人的。傅斯年曾长期担任中央研究院历史语言研究所的所长，他一直是要把研究所办成个经院式的，只希望全体研究人员都是书呆子，谁个热衷于政治问题是会遭受他的鄙视的。

我毕业后留在北大工作，抗日战争的前半段，曾先后接受"中华教育文化基金董事会"和"中英庚款董事会"的资助，从事于《辛稼轩年谱》和《稼轩词编年笺注》等类的工作，但编制一直还在北大。

从1942年夏到1943年夏，我在重庆的一家出版社主编一个叫作《读书通讯》的刊物。从1943年秋又转到由上海迁移到重庆北碚的复旦大学史地系任教，初去时为副教授，一年半后提升为教授，到1946年北大由昆明复员北平，我又重回北大史学系任教，在复旦前后整整三年。以上四年，是我完全与北大脱离了关系的四年。是从1932年到今天的60年内，仅有的四年。

在1945年抗日战争胜利之后，南京政府的教育部发表胡适为北大校长，在他未回国前，由傅斯年为代理校长。傅先生知道我在复旦已是教授，而且从复旦校长的口中也知道我在复旦教课的效果，有一天我在重庆与他相见，他向我说："我要请你回北大史学系教书，可得降级使用，因为，你们同届毕业的，理科各系和外语各系的，凡是不曾出国留学的，还大多只是讲师，连副教授还没有做到，你回去做教授就显得太特殊了。所以得降级使用。你考虑考虑，干不干？"我并未经过考虑，当时就回答说："我干！我是由北大培育出来的，应当对北大作出我的报偿。"就这样，我就一言为定，又回到北大的历史系，并一直延续到今天。

试想，如果不是北大历史系，而是其他任何一个名牌大学，或是待遇优厚的某个教会大学，要我放弃了复旦大学的教授职位而去该校做一名副教授，可能吗？当然是不可能的。然而北大就是这样做了，而且做通了，而且就在那样的条件下，我本人心甘情愿回到北大历史系来了。在这件小事的全部过程当中，我认为，全都体现着北大和北大历史系所具有的强大魅力。

（原载《光明日报》1993年1月2日）

邓广铭年谱简编

1907年3月16日生于山东省临邑县。

1923年至1927年秋，在济南山东省第一师范学校读书。1927年冬，因组织罢课驱逐效忠于地方军阀势力的校长而被校方开除。

1931年夏考入辅仁大学英文系就读一年。

1932年夏考入北京大学史学系。

1934年与同班傅乐焕、张公量共同为天津《益世报》主编《读书周刊》。

1935年选修胡适先生的"传记文学习作"课，毕业论文《陈龙川传》写就。

1936年毕业于北京大学史学系。

1936年至1939年在北京大学文科研究所任助教，1939年至1942年，任高级助教。

1940年至1942年接受中英庚款董事会的资助，入中央研究院历史语言研究所工作。写成《〈宋史·职官志〉考正》等学术论文。

1942年春在重庆主编《读书通讯》。

1943年被内迁重庆北碚的复旦大学史地系聘为副教授。写成《辛稼轩交游考》，交《复旦学报》复刊第一期刊出。

1944年春，应重庆一家出版社的约请撰写《岳飞》，冬季完稿。

1945年在复旦大学史地系任教授。

1946年5月到北平，仍回北京大学史学系任教，并兼任北大校长办公室秘书。时傅斯年为北京大学代理校长。8月胡适校长到校后，秘书之职继续兼任。

1946年10月，天津《大公报》邀请胡适为其主编《文史周刊》，因而又兼任了此刊的执行编辑。

1947年，《辛稼轩年谱》首次印行。

1951年代表北京大学史学系参与编辑天津《大公报》的《史学周刊》。

1953年《大公报》停刊，参与编辑《光明日报·史学》专刊。

1954年将旧作《岳飞》修改充实。1955年《岳飞传》由生活·读书·新知三联书店出版。

1957年《稼轩词编年笺注》首次印行。

1958年以后，担任《光明日报·史学》专刊执行编辑小组组长。

1960年至1961年，编著翦伯赞主编的《中国史纲要》宋辽金史部分。

1978年任北京大学历史系主任、中国史学会第二届主席团成员。

1980年起任中国宋史研究会第一、二、三届会长。1981年任博士生导师。

1982年发起建立北京大学中国中古史研究中心，兼任主任。

1982年担任国务院学位委员会第一届学科评议组成员。

1983年起担任全国高等学校古籍整理委员会副主任委员。

1983年担任第六届全国政协委员、全国政协文史委员会委员。

1988年退休后，在家继续从事学术研究。

1998年1月10日，因病在北京去世。

邓广铭教授主要著述

《韩世忠年谱》,重庆:独立出版社,1944年3月

《陈龙川传》,重庆:独立出版社,1944年4月

《岳飞》,重庆:胜利出版社,1945年8月

《辛稼轩先生年谱》,上海:商务印书馆,1947年12月

《岳飞传》,北京:生活·读书·新知三联书店,1955年10月

《辛弃疾(稼轩)传》,上海:上海人民出版社,1956年12月

《稼轩词编年笺注》,上海:古典文学出版社,1957年11月

《稼轩词编年笺注》(增订本),上海:中华书局上海编辑所,1962年10月;上海古籍出版社,1978年1月

《稼轩词编年笺注》(再次增订本),上海:上海古籍出版社,1993年10月

《王安石——中国十一世纪时的改革家》,北京:人民出版社,1975年7月

《王安石——中国十一世纪时的改革家》(修订本),北京:

人民出版社，1983年5月

《岳飞传》（增订本），北京：人民出版社，1983年6月

《宋辽金史纲要》（编入翦伯赞主编《中国史纲要》下册），北京：人民出版社，1962年10月

《宋辽金史简说》（编入中央党校《中国古代史讲座》下册），北京：求实出版社，1987年10月

《两宋政治经济问题》（邓广铭、漆侠），北京：知识出版社，1988年11月

《邓广铭学术论著自选集》，北京：首都师范大学出版社，1994年10月

《辛稼轩诗文笺注》（邓广铭、辛更儒），上海：上海古籍出版社，1995年12月

《辛稼轩年谱》（增订本），上海：上海古籍出版社，1997年5月

《邓广铭治史丛稿》，北京：北京大学出版社，1997年6月

《北宋政治改革家王安石》，北京：人民出版社，1997年10月

邓广铭教授谈治学和历史研究（代跋）

欧阳哲生

盛夏酷暑，大地蒸腾出一片热气。坐落在北京大学东北角的朗润园，绿树葱茏，园中一泓碧色的湖水，给人以宁静之感。循着曲折的小径，步入园中，著名历史学家邓广铭教授就住在这里。受《群言》编辑部所托，我访问了邓先生。

欧阳：邓先生，现在越来越多的人对民国学术史感兴趣，先生是过来人，您能谈一下当初自己确定史学志趣的情况吗？

邓：我小时候只读过"四书""五经"和坊刻的一些陋刻的历史书。处在偏壤之地，自然不知天地之大，也不知还有其他什么书可读。1923年我进入山东第一师范，这时，"五四"新文化运动的余波未平，该校受新思潮影响很大。我受当时读书风气的感染，阅读了大量新书。所读书籍大致可分为两类：一类是文学，包括翻译和创作的各种文学体裁作品。翻译作品中，我印象最深的是林琴南翻译的小说《茶花女遗事》以及后来白话译本的《茶花女》、杨晦译的罗曼·罗兰的《贝多芬传》，创作作品中对我影响最大的是鲁迅、周作人兄弟的小说和散文。一类是史学。顾颉刚整理的《崔东壁遗书》和他编的《古史辨》对我很有启发。《崔东壁遗书》提出许多古史问题,我看了很受震动。我当时称不上是属于"疑古"派的人,我认为顾颉刚也说不上是"疑古"派,他怀疑古代的某些论断,同时又挖掘一些被湮埋的学说。通过阅读这些史学著作,我了解到历史中有许多五花八门的问题值得探讨,用不着虚构小说。1932年我考入北大史学系。进校后,我就发愿要把文史融合在一起,像司马迁写《史记》那样,用文学体裁写历史。

欧阳:怪不得先生与一般历史学者不同,治学涉足于文史之间。

邓:自从读了《贝多芬传》后,我就逐步迷上了传记题材的文学作品。我还读了罗曼·罗兰的其他传记作品,如《托尔斯泰传》《米开朗基罗传》,还有法国作家莫罗阿的传记作品。看了这些书,我也倾向于搞传记题材,动了要写一组中国的英雄人物传记的念头。记得胡适先生在一次文学史演讲中,提到对郑振铎先生的《中国俗文学史》的不满之处,因为这部书当时颇有影响,我就找来一看,感到文笔确属一般。我以为如用传记体裁写人物,需要作者文笔生动,才能打动读者,感染读者。

欧阳:先生进入史学领域后,受到哪些人物的影响?

邓:在古人中,一位是司马迁,他提出"究天人之际,通古今之变，成一家之言"；还有就是刘知幾和章实斋。我以为"通古今之变，成一家之言"是治史的至理名言。胡适说的从大处着眼，从小处着手，也是这个意思。我自己一生治史就朝这个方向努力。我在师范时就读了胡适的《章实斋年谱》，这本书引导我读章氏的《文史通义》。唐代史学家刘知幾提出治史要立史学、史识、史才；章实斋又加上史德。这也是我治史的座右铭。我以它来要求自己，我认为它是中国史家的优良传统。

欧阳：30年代，学术界有所谓京派、海派之分，邓先生当时是否有选择性？

邓：京派和海派是两种不同学风的派系名称。京派讲究治学谨严、扎实，言之有据；海派好发空疏议论，华而不实。鲁迅先生曾有一个说法：京派近官，海派近商。他是就两派的目标取舍而言。不过，并不是身在北京的学人就一定是京派，或人在上海就是海派。京派以北京为重镇，海派在上海有市场。但如细论个人，还得看他本人的学风。我是崇尚京派，反对海派作风的。我把那些拿学术不认真对待的人都看成是海派。

欧阳：先生能不能再具体说明一下。

邓：举一个例子吧。30年代，阿英、施蛰存在上海出了一套《中国文学珍本丛书》，这套书因校点者马虎，出了不少差错。书中所收《水经注》和公安派三袁的文学作品，许多处都有标点错误。这套书署名虽是阿英、施蛰存等，但实际的校点者是张春桥。张春桥当时流落上海，生活无着落。阿英与出版商签订合同，规定标点费1000字两元钱。然后他们又包给张春桥干，给他1000字一元钱。没想到张春桥的古文底子差，工作也缺乏踏实的精神，结果出了不少错误。我写了一篇书评批评这套丛书。施蛰存先生后来答复我，表示对我的意见该接受的都接受，该解释的都解释，唯有一条办不到，就是我说要干脆停编此书，关闭出版社，退给订书人的书款。因为他们预先订有合同。施还解释说，他们并不像有些文学家，有心干坏事。鲁迅先生当时也支持我的意见。他写了《文人类型学》一篇短文，嘲弄施说，世界上还分有心干坏事的文学家和无心干坏事的文学家两类。

北京也有海派。如有一位学者，标点康有为的《新学伪经考》，里面错误也不少。我在《大公报》的"图书"副刊里写文章批评这本书。

我写这些文章的目的就是督促人们认真、严肃地对待学问。如果我们把胡适、傅斯年、陈寅恪看成京派的话，他们都是如此，他们从不马虎地对待学问。京派与海派的区别主要是在学风上。

欧阳：邓先生与胡适、傅斯年、陈寅恪有过密切的接触，您能谈一下他们这一派人的治史特征吗？

邓：傅斯年先生对史学有一个解释，史学便是史料学。他要求治史者"上穷碧落下黄泉，动手动脚找东西"。要穷尽史料。有人对这种说法大加批判，把原话变成史料即史学。我认为这扭曲了傅先生的原意。史料学这个"学"字有无数学问，如辨别真伪，鉴定直接间接材料，弄通原意。用古代人的话说就是"忌虚妄"。历史学离开了史料，还成其为历史学吗？历史学要以史料为基础，在充分挖掘、利用、辨析史料的基础上，提出自己的见解。这里给各种理论留下了极大的空间，各种理论都可以运用在史料上。傅斯年先生最初在中山大学创办历史语言研究所时提出这一治史方针，后来又在中央研究院历史语言研究所集刊上声明这是办所的宗旨。胡适在北京大学《国学季刊》发刊词中也表达了同样的意见。他们两人一南一北，推动史学朝这个方向发展，史学界由此也形成一种重视史料的风气和氛围，我置身这样一种学术环境中，受到这种风气的浸染，逐渐在实践中养成自己的治史风格，形成自己的治史观念。

欧阳：邓先生，您的治史领域主要是在宋代。进入这一领域的原初动力与当时的时代背景有关系吗？

邓：我进北大是在 30 年代，当时正是日本帝国主义把侵略矛头指向我国，民族危亡迫在眉睫的时刻，从我内心讲，有一种民族救亡感和历史责任感。所以我把自己的眼光投向历史上的爱国主义者。宋朝是民族矛盾尖锐的时期，岳飞、辛弃疾、陈亮这些历史人物是这时期重要的军事家、文学家、思想家，他们的爱国事迹为人民所传颂，自然也打动了我的心灵。我希望通过表现这些人的爱国形象，挖掘他们的爱国主义思想，激发人们的爱国主义热情。当时有许多史学家都这样做，陈垣身在沦陷区,写《南宋初河北新道教考》《清初僧诤记》等书,也隐含这个意向。陈寅恪也有强烈的爱国主义倾向。

欧阳:胡适之先生赞许您的《陈龙川传》是一本好书,陈寅恪先生为《〈宋史·职官志〉考正》作序时,指出"其用力之勤,持论之慎,并世治宋史者,未能或之先也",这也是难得的评价了。顾颉刚先生在《五十年来的中国史学》一书中也不惜笔墨,介绍、推许先生的宋史研究。茅盾在读了《稼轩词编年笺注》后,称赞这是一部"传世之作"。先生的宋史研究,能获得这么多大师的好评,也可以说是凤毛麟角了。

邓:我进入宋史研究领域时,专家尚少,在中国史研究中,它算是一个薄弱环节。商务印书馆曾印行过《王安石评传》《宋文学史》两书,两书均大抄前人之作,少有作者的创获。前一书抄袭梁任公的《六大政治家》一书中的王安石部分。后一书罗列《四库全书》有关部分的提要。所以整个宋史研究的层面很低。当时老一辈学者有金毓黻,同一辈人中有张荫麟。张是清华大学的才子,陈寅恪很赏识他,但张教书、治史都不成功,他写的《沈括年表》和一篇有关王小波、李顺农民起义的论文,在史料方面存有许多问题,留有很多漏洞。我写《陈龙川传》《辛弃疾传》《岳飞传》,还有后来的《王安石》,下了很大气力,在挖掘材料方面,做了大量工作。自然能发前人之所未发,书出版后为行家看好也是自然的了。

欧阳:我最近看到上海古籍出版社又出版了先生的《稼轩

词编年笺注》（增订本），先生已达87岁高龄，还不放弃自己的学术追求，继续修补、充实、完善自己的著作，这种精神令我们晚辈仰止。

邓：我是如古代的一句成语中所说："失之东隅，收之桑榆。"我希望能在自己的有生之年，将自己所写的四本宋代人物传记再加以修订，使其尽可能完善一些。《辛弃疾传》《陈龙川传》写作时间早，修改幅度要大一些。《王安石》《岳飞传》的修改工作小一些。我现在有力不从心的感觉，不管如何，我想尽力能把这四部传记修订好，这是我为时代、为中国人写的英雄人物传记。我相信，它们对今后的学术研究工作会有用处。

欧阳：先生已有60多年的治学、教学生涯，以个人的经历和体验，站在今天的历史高度，先生回顾过去，前瞻21世纪，一定还有许多话想说吧！

邓：的确是这样。回忆自己走过的道路，我心里很感到惭愧。我曾在北大历史系90周年系庆会上说过，论教书育人，自己虽是"桃李满天下"，但不敢居其功，如果说学生们成器是我培养的结果，我就只能称"摘桃派"了。论治学著书，我刚才说了，我研究宋史，写了一些学术著作，但它们都有待修补、改正。我很想能在有生之年，尽量减少差错，以对得起后人。

回顾现代中国历史学的发展过程，我们这一代人走了许多弯弯曲曲的路，但愿今后不要重复或少重复过去的错误。30年代中国史学界有所谓社会史论战，当时看有用处，现在考究是一无可取。两派的争论（斯大林派、托派）都不是"为学术而学术"，都有各自的政治意图。五六十年代，史学界又出现了所谓"五朵金花"（指民族形成问题、农民起义问题、社会分期问题、资本主义萌芽问题、土地所有制问题五个大问题）讨论，全国的史学界，千军万马，都投入到讨论中去，而讨论的结果，现在看来都还是问题。"文革"时期，批林批孔运动中搞"儒法斗争史"，就更不值得一提了。中共十一届三中全会以后，史学界做了大量工作，拨乱反正，但还很不够。现在，国家面临经济转轨，实行市场经济，学术界有些人又站不住了，见钱眼开，见利就争，完全置学术前途而不顾。这种现象应予纠正。在历史研究中，我希望史学工作者保持自己的学术品性，既不能死扣经典，搞教条主义；也不能单凭记诵古书，只满足做一个史料库，而毫无识断，作出别裁。还是先前说的那句话，中国史家有自己的优良传统，这就是讲史德、史学、史识、史才。我觉得，对于史识，更应强调，这也就是理论水平的问题，我们要继承、弘扬这个传统，而不能忘记、丢掉这个传统。

（原载《群言》1994年第9期）